平凡社新書
993

それいけ！ 方言探偵団

篠崎晃一
SHINOZAKI KŌICHI

HEIBONSHA

それいけ！方言探偵団●目次

［中部］新潟・富山・石川・福井・山梨・長野・岐阜・静岡・愛知

【近畿】三重・滋賀・京都・大阪・兵庫・奈良・和歌山 …… 119

共通語な方言　239

はじめに

小学生のころ、シャーロック・ホームズや怪盗ルパンなどの推理小説を読みふけっていたが、ある時、ふと手に取った江戸川乱歩の児童向け小説「少年探偵シリーズ」にはまり、友人たちと少年探偵団を結成したほどであった。探偵団といっても、放課後に寄り道しながら遊びに適した変わった地形の場所を探索したり面白い景観を発見したりと、今で言う街歩きの真似《まね》事を楽しんでいたのである。おおよそ学校帰りに塾通いする昨今の状況とは無縁の時代であった。

それから数十年、今では、団長兼団員として日常にさりげなく潜む方言を掘り起こしたり、方言であることに気づかずに使っている事例を見つけたりと、探偵団の仕事も変わってきた。共通語に一言で置き換えのできない方言に出会うと思わず使ってみたくなることもある。一番のお気に入りは山形の「まぐまぐでゅー」だ。

最近は、『tau』『LIGRI』『ALVE』『CORASSE』『AOSSA』『KITEN』などのアンテナ

ショップや複合施設の名称、『ICSCA』『ICOCA』『SUGOCA』などの交通系ＩＣカードの英字表記に潜む方言が増えつつあり、探索も面白くなってきた。

そんな探偵団の成果も含め、二〇一三年四月から『読売新聞』金曜夕刊に方言のコラムを連載する機会を得ることができた。今回、これまでの約四〇〇編の蓄積の中から半分ほどを選び一書としてまとめることとなった。併せて、小学館のホームページ内サイト『Web日本語』に連載したコラム「共通語な方言」からも数編選んで掲載した。必要に応じて適宜、加筆修正を行ったが、時事的な話題に関しては掲載当時のままとしてある。

本コラムに触れることで方言探偵団の団員が増え、方言を通して地域を盛り上げていただければ幸いである。

イラスト＝いのうえさきこ

方言探偵団

北海道・東北

北海道
青森
岩手
宮城
秋田
山形
福島

あずましー

北海道

異国情緒を感じさせる運河の街・小樽。観光客で賑《にぎ》わうエリアとは逆側の路地裏に構える寿司《すし》店がある。板前さんの誠実な人柄と丁寧な仕事ぶりに魅せられ十数年来の付き合いだ。その彼が、まず頭に浮かべる方言は「あずましー」だと言う。青森でもしばしば代表的な方言に挙げられるが、共通語に置き換えるのは極めて難しい。落ち着いた雰囲気の中に身を置いた居心地の良さを表すといったところだ。

ただし、普段使う機会が多いのは打ち消しの「あずましくない」。初めて訪れた場所など、何かしっくりしない違和感のある状況を一語で表現できる。部屋を散らかしていると「あずましくない!」と注意されてしまうが、その一言には叱るというより心地よい環境で過ごしてほしいとの思いやりが感じられる。

語源は定かでないが、「吾妻」の字を当て「吾《わ》が妻」と一緒だと安らぐとの説もまことしやかに流布している。ただ、何を〝あずましー〟と感じるかは人それぞれかもしれない。

おがる

北海道

『ほっとマルシェおがーる』。北海道新幹線の終着、新函館北斗駅にある北斗市のアンテナショップだ。店名の由来は「成長する」という意味の方言「おがる」。地産地消でともに成長していこうとの願いを込めたネーミングだという。「成長」という前向きな印象を与えることから、施設や団体の名称としても人気が高い方言だ。

「おがる」は北海道のほか東北で広く使われるが、実際の用法としては、植物の芽が伸びたり、子供の身長が伸びたりして育っていく様子など、縦方向への成長を具体的に表現することが多い。体重が増えて大きくなるという〝成長〟には使わないようだ。語源は定かでないが、江戸時代には子供の成長や草木の伸びる様子を意味する方言として東北の方言集に採録されている。

熱中症予防の水分補給にかこつけてビールを大量摂取していると、オヤジ的には横に〝おがる〟後遺症に悩まされるのである。

かでる

北海道

『かでる2・7』。札幌市にある北海道立道民活動センターの通称である。この「かでる」は「仲間に加える」の意味で、かつては北海道から東北北部で広く使われていたが近年は消えつつあるようだ。「仲間に加えて輪を広げよう」という願いを込めた施設の名称などにかろうじて名残が見られる。

元の形は古語の「かてる」で、『日本書紀』に、「沈水《ぢむ》といふことを知らずして、薪に交《か》てて竈《かまど》に焼《た》く」という表現がある。薪と一緒に香木を焚《た》いてしまったために、香りの強い煙が充満して咳《せ》き込んでいる様子を想像してしまう。千年以上前にも、現代と同じような失敗談があると思うと微笑《ほほえ》ましい。

なお、米に麦、大根、豆類などを混ぜて炊いたご飯を「かでめし」とか「かでまんま」ということもある。

ところで、山形県の庄内地方には、「魚かでてまんま食う」のような表現がある。「かでる」を「おかずにする」という意味で使っているようだ。主食に〝加える〟との発想だが、左党としては、「刺身かでで一杯」といきたいところだ。

はく

北海道

雪国では欠かせない必須アイテムの手袋。北海道では、ズボンや靴下と同様に手袋も「はく」と表現し、共通語だと信じて疑わない人も多い。東北北部のほか、四国の一部や沖縄でも言う。比較的温暖な地域での使用は意外かもしれないが、グラブや作業用軍手など〝手袋〟の範囲は広い。

共通語では手袋は「はめる」。「はく」ものは、足を通して下半身につけるズボン、スカートなどの衣類や靴、スリッパなどの「履物」と呼ばれる類《たぐ》いだ。「タイヤをはく」という言い方もあるが、自動車でも「足回りがいい」と表現するように、タイヤも〝足につける〟という発想だ。

この「はく」は、奈良時代から使われており、「足などを覆う衣類を身につける」という意味のほか、「太刀をはく」という用例も多く見られる。『万葉集』では、「弓に弦をつける」ことも表していて、もともと「身に着ける、装着する」ことを広く表していたようだ。ちなみに沖縄では、帽子やメガネも「はく」と言う。

ところで、北海道でも、さすがに指輪は「はく」ではなく「はめる」ようだ。

まかなう

北海道

マナー本の類いを見ると、訪問先でのコートの着脱は玄関の外で行うようにと書かれている。ところが、北海道では、屋外の寒さに配慮して屋内で身支度していくようにと声をかけることが多い。その際、「ここでまかなっていって」などという表現が使われる。

この「まかなう」、奈良時代から使われている古語で「支度する、準備する」の意味を表す。手紙を書くために硯《すずり》の支度を整える場面でしばしば登場する。平安時代になると朝食のお粥《かゆ》の用意をする場面などにも使われ、「食事をととのえて出す、もてなす」という意味が生まれる。現代の「まかない料理」や「寮のまかない」などの用法につながっていくことになる。

一方、方言の世界では「身なりをととのえる」の意味が生じる。着込んで寒さに備えるようにとの気配り表現として特に冬場に使うことが多いようだ。

まだまだ厳しい寒さが続く昨今、十分に〝まかなって〟風邪にご注意を。

わや

北海道

北海道の方言として紹介されることが多いが、使用地域は関西を中心とした西日本や全国各地に広がる。「ひどい状態」や「むちゃくちゃな様子」など、おもに悪い状態を表す際に使われることが多い。融《と》けた雪で道がぬかるんでいる状態や、子供たちが暴れ回って部屋の中がめちゃくちゃになってしまった状況など、「わやだわ」と表現できる。「なんだこりゃ〜」といった感覚に近いかもしれない。

「わや」の語源は平安時代の古語「枉惑《おうわく》」にさかのぼる。「道に外れたことをして人を惑わす」ことを意味していたが、一七世紀以降「わやく」と形を変えて各地に広まっていく。同時に短縮形の「わや」が「むちゃくちゃ」の意味として方言に残ったようだ。

後に若者を中心に「わや疲れた」のような強調の用法が生まれるが、最近は「わや楽しみ」のようなプラスの用法まで登場している。

使用地域も意味の範囲も広いし、よそ者には頭が〝わや〟になってしまう方言である。

じょっぱり　青森

青森・津軽地方の名酒『じょっぱり』。「意地っ張り、頑固者」に当たる名づけの通り、淡麗辛口ながらも力強い味わいには杜氏《とうじ》の己を曲げない強い信念が感じられる。「土佐のいごっそう」「肥後もっこす」と並ぶ「津軽じょっぱり」は、〝日本三大頑固〟としても有名な方言だ。

由来は、平安時代から「感情、気持ち」の意味で使われた「情」、それを押し通して意地を張る「情張り」が元の形で江戸時代から使用例が見られる。変化した形の「じょっぱり」も当時の俳諧や滑稽本の中に登場するが、それが地方に広がって方言に残ったようだ。「強情っ張り」が文献に登場するのは明治以降であることから、しばしば言われる「強情っ張り」の省略形との説は考えにくいかもしれない。

なお、南部地方では「かだこと」と言う。様々な分野で県内を二分し、ライバル関係にある津軽と南部だが、方言も使い分ける〝じょっぱり〟な気質は共通かもしれない。

とろける

青森

「とろける」と聞くと、ピザトーストにのせた熱々のチーズが頭をよぎり、条件反射のようによだれが垂れてきそうである。

ところが青森の「とろける」は、「片付ける、整理する」ことを表す。「玄関の雪とろけた」と言うと、雪がすっかり融けてしまった様子を思い浮かべてしまうが、実は「玄関に積もった雪を片付けた」という意味だ。使い終えた食器は「棚にとろける」のである。

この「とろける」の由来であるが、秋田で「とりける」、岩手で「とんのげる」と言うことから、もとの形は「取り除《の》ける」だと考えられる。「取り除ける」は、平安時代に使用例が見られ、「おおっているものや邪魔になるものなどを取ってほかの場所へ移す」という意味を表していたようだ。

おもちゃなどを散らかしている子供がいたら、〝とろける〟チョコレートでも用意すれば喜んで〝とろける〟かもしれない。

にかむ

青森

衣服がしわになったり、障子紙を張る時などにしわが寄ったりすることを意味する。青森のほか東北北部で使われるが、地域によっては顔にしわが寄ることも表す。

「にがむ」とも言うことから元の語は平安時代の古語「苦む」にさかのぼる。当時は苦々しく思ったことが顔つきや態度に出ることを表していたが、後になって「しわになる」意味が生まれた。

鎌倉時代の説話集『宇治拾遺物語』。宮中から庶民の生活まで、幅広い階層にまつわる話題を伝えている。その中に「暖かなる時、酢をかけつれば、〈略〉にがみてよく挟まるなり。然《しか》らざれば、すべりて挟まれぬなり」という一節がある。炒《い》りたての大豆に酢をかけると、しわがよって箸でつかみやすくなるが、そうでないとすべってうまくはさめないというユーモラスな話が描かれている。

先日、鏡で自分の顔を映してみたら、加齢によって〝にかむ〟姿が苦々しく、眉間にしわが寄ってしまった。

ぱやぱや

青森

思わず口ずさみたくなってしまう諸氏もいるかもしれないが、懐メロの話をしようというわけではない。

「ぱやぱや」は、青森の方言として取り上げられることが多いが、東北で広く使われる。赤ん坊の髪の毛がやっと生えてきた頃の状態や、オジサンになって髪の毛が薄くなり、わずかに残っている様子などを表す。女性の場合は、髪の毛先がまとまりのない様も表し、「ぱや毛」という言い方もあるようだ。

また、落ち着きのない様子も表し、ちゃらちゃらした高校生やうろちょろはしゃぎまわる子供も「ぱやぱや」だ。さらには、酔って浮かれた気分や頭がぼんやりした感じまで、フラフラしたりふわっとしたりした感じはほとんど表せるような気がしてしまう。擬態語でありながら地域や個人によって意味の幅が広いのである。

髪の毛も〝ぱやぱや〟、酒で気分が〝ぱやぱや〟、翌朝は頭が〝ぱやぱや〟——オヤジ世代には便利な方言である。

まね

青森

津軽地方で「せばだばまね」「まねまね」というやり取りが耳に入ってきても、かつての深夜番組のオープニングで流れた「シャバダバシャバダバ」に合わせて口ずさんでいるわけではない。「まね」は津軽を代表する方言で、「ダメだ」という意味を表す。「まいね」とも言う。つまり、「間に合わない」の発音がどんどん縮まっていったわけだ。状況に応じて「悪い」「できない」「難しい」など幅広い意味を持つ。自分に都合の悪いことは「まね」の一言で片づけられるとなれば、実に使い勝手が良さそうだ。

同じ青森県でも南部地方の「ダメだ」は「わがね」。「わからない」が変化したものだ。「わかる」にはもともと「承服する」との意味があり、それを打ち消すことで「ダメだ」の意味が生じたわけだ。「せばだばわがね」「わがねわがね」では、口ずさんでもうまくリズムに乗れなそうだ。

「まね」を繰り返しているうちにひと頃流行《はや》ったフレーズ「だめよ〜だめだめ」の津軽バージョンが気になってきた。〝真似《まね》〟てみたくなるかもしれない。

よのめ

青森

歴史的な背景が異なることから、同じ県内にもかかわらず方言が通じない、気質が相いれないなどと言われ、笑いのネタにされることが多い津軽地方と南部地方。そこには、同じ言葉でありながらそれぞれの地方で異なる意味を表す方言まで存在する。その一つが「よのめ」。津軽では「ものもらい」の意味だが、南部では「魚の目」を指す。「よのめ出来で痛《い》で！」と言っても痛みの原因が違うのでややこしい。

いずれも、その形状が魚の眼球に類似しているところからの命名だが、目と足では発症する部位が離れすぎている。こんなところにまで「津軽vs南部」の対抗意識が表れているようだ。

「よ」は「魚」を表す古語の「いを」が変化した言葉だ。平安時代の『伊勢物語』にも、白い鳥が「水のうへに遊びつついををくふ」という描写が登場する。

ちなみに、「魚の目」の正式名称は「鶏眼《けいがん》」と言うらしい。俗称と専門用語の違いが、魚と鶏のどちらの目にたとえるかにゆだねられている点が何とも面白い。

あめる

岩手

東北北部や北海道の一部で使われ、方言集などでは「腐る」と訳される。

ただ、江戸時代後期に岩手・盛岡の方言を採録した『御国通辞《おくにつうじ》』には江戸語の「すゑる」が当てられている。共通語でも「すえた臭い」と言うように「すえる」は江戸時代には「飲食物などが腐ってすっぱくなる」ことを表していた。このことから、「あめる」の一般的な用法は、野菜・肉・魚介類などの生鮮品が傷んでいる様子ではなく、調理・加工した食べ物が保存状態の悪さによって腐敗し始め、酸味を帯びたような変な臭いや味がする時に使われるようだ。

「あだまあめでら」と言えば、髪の毛を何日も洗わず脂ぎっている状態。緊張感が持続せずにだらけたり飽きたりした態度を指すこともある。

「あめる」の用法は地域や個人によりさまざまで一筋縄ではいかないが、本来の状態が維持されなくなってきた様子を表す点では共通しているようだ。とにかく〝あめる〟ことのないよう執筆を続けたいものだ。

じえ

岩手

岩手県久慈市の沿岸部で、驚いた時にとっさに発する「じぇ！」。NHKの連続テレビ小説『あまちゃん』にしばしば登場し、人気沸騰中の方言である。

驚きが大きければ、その度合いに応じて「じぇじぇ」「じぇじぇじぇ」と重ねられていく。しかし、共通語でも、びっくりした時に「えっ！」「わっ！」などと声を出すのと同じで、この言葉自体には意味はないのである。岩手県内では、地域によって「じゃじゃじゃ」「ざざざ」「ささささ」「ばばば」など、驚き方も多彩だ。

文献によれば、室町時代に近畿圏では「じゃ」という驚きの表現が使われており、当時の狂言の台本にも登場することがわかっている。その「じゃ」がのちに東北地方に伝わり、姿を変えて残ったということだ。

実は、これほど注目を浴びる前から岩手ローカルのテレビ局では『じゃじゃじゃTV』という情報番組が放映されているのである。こんな大ブームになろうとは、地元の人たちが一番「じぇじぇじぇ！」と驚いているに違いない。

いきなり

宮城

共通語の「いきなり」は、「いきなり止まる」「いきなり泣き出す」のように、動作が何の前触れもなく突然起こることを意味するが、宮城県では、「この服いきなりかわいい」「この店いきなり安い」のように状態を強調する時にも使われる。

「とても、非常に」に当たる方言で、若年層を中心に使われるが、もともとは、「いきなりぶつけた」のように、「思いっきり」の意味で、動作を強調していた。となれば、「いきなり笑われて、いきなり頭にきた」という使い方もできるということだ。

仙台市内の自動販売機には「いきなりしゃっけぇ（冷たい）！」との看板も登場するなど日常的な使用頻度も高い。共通語でも使われるためにこの用法を方言だと気づいていない人も多いようだ。東京の若者が「このラーメン、チョーうめー」と言うところを、仙台の若者は「いきなりうめぇ」と言うのである。

ところで、最近よく耳にする家電量販店の「いきなり安い！」という宣伝文句は、よもや方言を使って「とても安い」と言っているわけではあるまい。

うだで

秋田

秋田では、気が進まない時や嫌な気持ちを表したい時、「ひとめー（人前）で話すのだばうだでなぁ」のように「うだで」と言う。東北一帯で使われるが、地域によっては意味が広がり、心霊スポットに連れていかれた時は「気味が悪い」、ニュースで大事故の映像を見た時は「悲惨だ」、腐った食べ物に触れた時は「汚い」にそれぞれ当たる。いずれにせよ、精神的な負担を負ったり、不快に感じたりした時に使われるようだ。

山形では、「寒ぐでだでちゃ（嫌だなぁ）」、「あんなだってごど（面倒なこと）言って」のように、語頭の「う」が脱落した「だで」が使われる。

元は、奈良時代の古語「うたて」。物事の度合いがかなり進んだはなはだしさを表していたが、その行き過ぎた状況が不快感につながったようだ。「まあ、やだ」「ああ、情けない」と思いを吐露する際の「あなうたて」は現代にも通ずる言い回しだ。

思うように筆が進まない、〝ああうだで！〟。

えーふりこぎ　秋田

数年前、秋田県が仕掛けた〝秋田人変身プロジェクト〟。皆でご当地ヒーローに〝変身〟しようというわけではない。意識を変革し、元気な秋田づくりを目指すという試みだが、その議論の中で短所として登場した県民気質のひとつが「えーふりこぎ」。秋田の代表的な方言として挙げられることが多いが、「えふりこぎ」とも発音され、隣接地域でも使われる。

意味も言葉の構成も、関西の「えーかっこしー」とよく似ている。つまり「いい振りこく」が変化した形だ。「こく」は、「ウソこく」のように「言う」の俗っぽい言い方のほか、古くから「泥棒こく」など「特に好ましくない事をする」意味でも使われてきた。人前で実際よりも良い振る舞いをする人、つまり「見えっ張り」だ。

しかし、秋田県人が皆かっこつけたがりでもないし、分不相応な暮らしぶりというわけでもない。むしろ好ましくない人物を評する言葉を表に出すことで、そうした批判を受けないように心掛ける堅実さこそが県民性だという捉え方もあるようだ。

かがぼし

山形

共通語の「まぶしい」に当たる方言で、山形県の庄内地方で使われる。「かがぽしい」とも言うが、同じ県内でも内陸地方では「まつぽい」と言い方が異なる。ただ、東北地方では、「まっこい」「まちぽい」など、こちらの類いの方が有力だ。庄内から新潟にかけての日本海沿いでは「かがっぽい」「かがいい」が使われるが肩身が狭い。

「かがぼし」は鎌倉時代に使われていた「かがはゆい」という語に由来する。江戸時代に刊行された、庄内弁と江戸語を対照する方言集『庄内浜荻《はまおぎ》』には「かがはゆいヲかゝぼちい」と記される。「かが」は「輝く」の「かが」で、「きらきら」などと同様の擬態語と考えられる。

また、「かがぼし」の誕生には、「まばゆくて顔を向けにくい」意味を表す「映ゆい」という語が関わっている。「まばゆい」という共通語自体、「目＋はゆい」だが、「かがぼし」も、「きらきら光って顔を向けられない」ということになる。

豪雪地帯だけに、降り積もった雪に反射する光も「かがぼし」だ。もちろん、お約束で〝禿《は》げ頭〟も……。

けーき　山形

山形では、色鮮やかだったり新鮮だったりして見栄えのいい野菜や果物を見た時、「けーきがいい」と言う。「けーぎ」と発音されることも多く、宮城などでも使われる。つまり、「けーき」は「見た目の様子」を表し、具合の悪そうな相手に向かって「けーきわりーな」と言えば「顔色」の意味になる。儲《もう》かっていなくても外観の体裁が良ければ「けーきのいい店」だ。

実は「経済活動の状況」を表す「景気」は江戸時代以降に登場した用法で、古くは「景色、ありさま」の意味で使われていた。鎌倉時代の随筆『方丈記』では、季節ごとに姿を変える山中の景色を「山中の景気、折につけて尽くることなし」と表現している。次第に見た目の「物事の様子」を広く表すようになり、方言の世界に残ったようだ。

新型コロナウイルスの影響で〝景気〟は悪くなっているが、街では〝けーき〟の良いおしゃれなマスクを着用した人が目立ってきた。

じょさね　山形

山形県天童市で一九九六年から開催されているイベント「平成鍋合戦」（現在は「令和鍋合戦」）。県内はもとより東北地方、さらには海外からの自慢の鍋も一堂に会し鍋将軍の座を競う。その歴代参戦鍋リストの中にある「じょさね鍋」。鶏肉、豆腐、有機野菜などを使い、コンブと鰹節《かつおぶし》でだしをとった簡単で手間のかからない鍋だ。

名前に付けられた「じょさね」は「簡単だ、たやすい」という意味の方言で、山形を中心に秋田、宮城などで使われる。「じょーさね」と言う地域もあるように、共通語の「造作無い」が変化して生まれた言葉だ。

この「造作」は、もともと「意識して作り出すこと」を意味する仏教語で、鎌倉時代の文献に登場する。室町時代以降、手のかかることや面倒なことを表すようになり、同時にそれを打ち消した「造作無い」が「簡単だ、たやすい」の意味として使われるようになった。「造作無い」は現代になっても共通語の世界で使われ続けているが、やや古めかしい感じは否めない。パソコンの使い方を尋ねた学生に「こんなの造作無いですよ」と言われたら、ちょっと驚いてしまう。

ねろねろ

山形

「寝ろ寝ろ」と子供をあやしているわけではない。納豆、オクラ、とろろなどの粘り気のある様子を表現する擬態語で、山形県の庄内地方を中心に使われる。それらを食べた後は口の中が「ねろねろ」になるわけだ。「どじょうがねろねろでつかまえね」のように、ぬるっとした感じにも使うようだ。共通語の「ねばねば」と「ぬるぬる」の両方の感覚を表す方言ということになる。語感からすると、ねっとり、ねちねち、ぬるぬるなど、粘っこさを表す共通語のラインアップに追加できそうだ。

また、似たような感じを表す方言に「でろでろ」がある。例えば、祝勝会の時などに優勝カップにお酒を注いで回し飲みすることがあるが、一〇人目くらいになるともう飲み口が唾液などでべたべたして大変なことになってくる。そんな粘着感のある様子が「でろでろ」だ。したがって、「手さ油でねろねろする」と「手さ油ででろでろなる」とでは微妙に感触が違うようだ。

いずれにしても、〝ねろねろ〟したものも〝でろでろ〟になったものも触りたくはない。

まぐまぐでゅー　山形

山形県北西部に広がる庄内地方で出合った方言「まぐまぐでゅー」。フランス語のような響きが鼓膜に心地よい。この言葉、仕事がたまって何から片付けたらよいか整理がつかずに混乱した様子や、二日酔いで胸焼けがするような体調不良の状態を表現する時に使われる。不快感を忘れてしまいそうな語感で、思わず使ってみたくなる。

「まぐまぐ」は、江戸時代に「目が回る」の意味で使われていた「まくまく」に由来し、「いらいら」「むかむか」のように心身の様子や状態を音にたとえた擬態語。精神的及び身体的に、どうにもならない不調を訴える便利な言葉として庄内地方で定着したようだ。

女子大生お得意の口調「てゆうか」のもとが「というか」であるように、『まくまく』というがぞんざいに発音されると、『まくまく』ってゆう」となる。そこに、東北方言の規則「カ行、タ行の音がそれぞれガ行、ダ行へと濁音に変わる」を当てはめれば「まぐまぐでゅー」の完成だ。

一風変わった方言との出合いも旅の楽しみのひとつであるが、あまり語源を追究しすぎると頭の中が〝まぐまぐでゅー〟になってしまう。

もっけ

山形

山形県の庄内地方を訪れると何度も耳にするのが、「もっけだの〜」。何かをもらった時、酒席でお酌をしてもらった時など、幅広い場面で使われる感謝の表現だ。ただ、単なる「ありがとう」ではなく、「恐縮だ」というニュアンスが込められている。

実は、元の形は「物《もの》の怪《け》」。二〇年以上前にヒットした映画『もののけ姫』でも知られるように「生き霊」「妖怪」のことで、奈良時代の文献にも登場する。その不思議な現象が「もっけ」と形が変わることで、「思いがけないこと」「意外なこと」の意味に広がっていったのだ。今でも、「想像もしなかったことが身に幸福をもたらすこと」を「もっけの幸い」という慣用句で表現することが多い。

なお、地域によってはお悔やみの言葉をかける場面で「この度はもっけで」と言うこともあるようだ。「お気の毒な」「痛ましい」等の意味に当たるようだが、いずれにしても、相手に対する配慮を表すことに違いはない。

便利な言葉という点でいえば、共通語の「どうも」に通ずるところがある。

やばつぃ　山形

どしゃ降りの中、傘を差しているにもかかわらずズボンの裾が濡《ぬ》れてしまった時や、手洗いの際、水しぶきが衣服の袖に飛び散った時など、とっさに「やばつぃ！」と発してしまう。不本意ながら濡れてしまった不快な冷たさを表現するようだ。

江戸時代に、方言と江戸語を対照させた『浜荻』と呼ばれる辞書が各地で編纂《へんさん》される。山形・庄内の『浜荻』によれば「やばちひ」は「じめじめする」状態を意味するが、江戸語に置き換えにくい方言の一つだとも記されている。また、仙台の『浜荻』には、「きものなどぬらしてつめたき事」とある。当てられている江戸語は「きびがわるひ」だが、当時は「気分が悪い」ことを表していた。湿っぽくて不快な様子を表す点は現代の方言にも受け継がれている。

なお、語源は定かでないが、「汚い、不潔だ」の意味で使うところもあり、語形的にも意味的にも幼児語の「ばっちい」と結びつけたくなってきた。

さすけね

福島

地酒の名前に使われるなど福島・会津地方の代表的な方言として取り上げられることが多いが、東北地方で広く使われている。郡山に居住経験のある知人のカナダ人に言わせると、“No problem.”や“Don't mind.”に似ていて使いたくなるらしい。

この「さすけね」は「差支えない」が変化した形で、共通語と同様「かまわない。不都合ではない」という意味のほか、「大丈夫」という意味も表す。転んだ人に向かって「さすけねが？」などと使う。この意味が、震災の復興活動を応援するスローガンなどに採用され、多くの人たちが勇気づけられたようだ。

会津出身の学生によると、謝ってくる友人に対して「気にしないで」と応じる時には「さすけねー」と語尾を伸ばすと言う。ゆったりした感じで相手を思いやる効果があるようだ。

また、一般的ではないが、奥会津で聞いた話では、バックする車を誘導する際、「オーライ」の代わりに「さすけね、さすけね」と声をかけることがあるらしい。前出のカナダ人に是非伝授したいものだ。

ふだ

福島

子供の頃のお正月と言えば、お餅をたくさん食べたとか、お年玉をいっぱいもらったとかを自慢し合ったものだ。

その「たくさん、十分」のことを福島や東北・北関東の一部で「ふだ」と言う。ビールをコップになみなみと注いだ時などは「ふだふだ」と重ねて強調する。

元の語は「不断」。平安時代には「物事が絶え間なく続く」ことを表していた。昼夜絶え間なくたきつづける香は「不断香」と呼ばれた。雨漏りを受けるバケツがやがて満ちるように、方言の世界で「いっぱい」や「たっぷり」の意味が派生した。一方、現代に通じる「いつも、常々」の意味は、鎌倉時代以降に生まれたようだ。

「不断」は江戸時代には「ふんだん」と変化する。東北方言では「ん」の発音が縮まる特徴があり、「ふだ」となった可能性がある。

今年は雑用が〝ふだ〟に増えそうだが、良いことも〝ふだふだ〟にあることを願いたいものだ。

あぐど

東北

山形出身の元横綱・柏戸が大相撲の勝負審判を務めた時のこと。物言いの内容を「あぐどが先に出て……」とアナウンスした有名なエピソードがある。この「あぐど」は、「かかと」を表す方言で、「あくと、あぐと、あぐ」などの形が東北から新潟にかけて広がる。中部地方の「あくつ、あっくい、あっこい、あっこ」や九州の「あど」なども同じ系統の語だと考えられる。

「あくと」という語形が鎌倉時代から登場するが、本来は「馬の足のくびれた部分」を指し、後に人間の「かかと」を表すようになったようだ。江戸時代の方言集『物類称呼《ぶつるいしょうこ》』には、「関西にて、きびすと云 関東にて、かかとと云」とあり、仙台方言を集めた『仙《せん》台言葉以呂波寄《だいことばいろはよせ》』には、「あくと、きびすの事」とある。つまり、当時の共通語は「きびす」で、関東方言だった「かかと」が現代の共通語となったことがうかがえる。

「きびす」は今でも近畿や中国地方で使われており、共通語でも慣用句の「きびすを返す」に残る。部位が近いことから「きびす」を「くるぶし」の意味で使う地域もあり、方言の世界では足元が落ち着かない。

あべ

東北

「あべ！」と言っても、総理大臣を呼んでいるわけではない。東北地方では、「おらいさ、あべ」と言えば「私の家にいらっしゃい」、「おれどあべ」と言えば「私と一緒に行こうよ」と誘っているのである。

この「あべ」は、「歩く、(歩いて)行く、(歩いて)来る」という意味の「あえぶ」の命令の形「あえべ」が縮まったものだ。本来は「歩け」「行け」「来い」という命令を表していたが、次第に「行こう」「いらっしゃい」のように意味がやわらいできた。

元をたどれば「あえぶ」は「あゆむ」に由来する言葉。「あゆむ」は『万葉集』の時代から使われているが、平安時代以降になると「あゆぶ」という形が現れ、そこから「あえぶ」が生まれたわけだ。

地域によっては「えーぶ」「えぶ」「やぶ」などと形を変え、関東甲信越の一部にも残っている。「歩む」は現代でも使われるが、日常的な言葉というよりはむしろ詩的なイメージが強いかもしれない。

東北地方で安倍さんを誘うとしたら、「あべ、ちょっとあべ！」。

いずい

東北

散髪のあと、背中に髪の毛の短い切りくずが入り込むと、何かくすぐったいような、むずむずするような感じがして不快な心地がする。このような何とも言いようのない微妙な違和感を、宮城では「いずい」とひと言で片づけてしまう。方言の世界には、共通語には置き換えにくい便利な言葉があるものだ。

目にゴミが入ってごろごろする感じや、靴のサイズが合わなくてしっくりこない感じなどの体感的な感覚にとどまらず、場違いな場所に連れていかれて気分的に落ち着かない状態まで、使用範囲は極めて広い。この「いずい」、室町時代から使われている古語の「えずし」に由来する。江戸時代に入ると、「目の中に物が入った感じ」を表現している例が見られ、現代の用法につながっていく。

使用地域は宮城県を中心に東北地方に広く見られる。北海道まで広がっているようだ。地域によっては、「えずい」「えんずい」という言い方もある。

古い用法が、現代の生活の中で活《い》き活きと存在感を示している。

がおる

東北

　怪獣の叫び声を連想させる迫力ある語感だが、実は基本的な意味は「弱る」で、東北を中心に広く使われる。「役場まで走ってがおった」のように体力を消耗した場合は「疲れた」に近い意味になる。「暑くて花がおった」のように植物が弱れば「萎《しお》れた」ということだ。また、「仕事たまってがおった」のように精神的に参った場合にも使われる。このように「がおる」の意味範囲は広い。

　実は、この「がおる」はもともと一語ではない。意地を張って自分の意志を押し通そうとすることを「我を張る」とか「我を通す」と言うが、その反対に意地を張らずに他人の意見に従うという意味で「我を折る」という表現があった。「感心する」「恐れ入る」に当たる表現だ。室町時代以降の文献に用例が多く見られるが、この「我を折る」を縮めた「がおる」は江戸時代に登場する。その後、東北地方では「弱る」「衰弱する」意味を表す方言として定着したようだ。

　それにしても、毎週原稿に追われていると、〝がおって〟しまいそうである。

ごしゃぐ

東北

「腹を立てる」という意味の東北方言で、「ごーしゃく」「ごせやく」など語形のバラエティも豊富だ。「叱る」という意味で使う地域もある。

江戸時代の「滑稽本」に、「はらをたつことをごせをやくといふも国ことばなり」という記述もあることから、当時からすでに方言として意識されていたことがわかる。かつては東北地方で広く使われていた方言だが、現在の使用状況は県によって異なる。

秋田ではかなり売り出し中の方言で、ご当地ヒーロー「超神ネイガー」の変身の掛け声「豪石《ごうしゃく》」は、この方言に漢字を当てたものだ。「豪石クッキー」なる土産まで登場するほどの力の入れようだ。

語源は、「後世《ごせ》を焼く」とも言われている。「怒りは来世での安楽を焼き払ってしまうから心を静めなさい」という仏教の教えが根底にあるらしい。となれば、「ごしゃぐ」行為には、死後の世界のことまで気を配っているというやさしさが込められているのかもしれない。

とは言っても、〝ごしゃぐ〟必要のない日々を過ごせるに越したことはない。

関東

茨城
栃木
群馬
埼玉
千葉
東京
神奈川

いしこい

茨城・栃木

「いしこい」は、平均的なレベルよりも劣っている状態を広く意味する方言で、茨城を中心に栃木の一部でも使われる。「いしけぇ」「えしこい」など発音のバリエーションも多い。「ぼろい自転車」「ださい服装」「不格好なキュウリ」など、すべて一語で表現できる便利な言葉だ。

この「いしこい」、同様の意味を表す千葉の「いしい」と関連がありそうだ。「いしい」は鎌倉時代に登場する古い言葉だが、当時はこの一語で、良くても悪くても程度のはなはだしい様子を表していた。江戸時代中期の方言集『物類称呼《ぶつるいしょうこ》』に、「わるいといふ事を〈略〉上総下総にて、いしいと云《いう》」とある。やがて良くない方の意味を表す言葉としてこの地域に定着し、「いしこい」という言葉を生み出したようだ。

実は、共通語の「美味《おい》しい」は、この「いしい」に美化語の「お」が付いた言葉で、「味が良い」という意味で室町時代の末期から女性がおもに使い始めたものだ。

良いも悪いも一語で表現できた時代が、はたして便利だったのか不便だったのか。

ひやす

茨城・栃木

冷たい料理やビールをおいしく味わうために、食器やグラスをあらかじめ冷やしておくことがある。ところが、茨城や栃木では食事がすんだ後に「食器、ひやしといて！」などと言う。汚れが落ちやすいからと聞き、「冷蔵庫で汚れが落ちるんかいっ！」とお決まりのツッコミを入れる輩《やから》も多いようだが、汚れた食器類を流しの洗い桶《おけ》に浸しておくことを「ひやす」と言うのだ。

共通語の「冷やす」には「温度を下げる」という意味があるが、それは、通常よりも低い温度にする場合と、沸騰させたりして熱くなった状態から、通常の温度に戻す場合とがある。「少し頭を冷やしてこい」のような使い方があるが、これは、冷静さを取り戻すように少し時間をかけて落ち着かせる、つまり、熱くなった気持ちを、時間をかけて普通の状態に戻すという点で後者の意味につながる。おそらく、この用法が、しばらくの間浸しておくことで、汚れた状態から元の状態へという意味を生み出したのだろう。「茶碗《ちゃわん》、お湯にひやしとけ！」と言われたら戸惑ってしまうかもしれない。

あおなじみ

茨城・千葉

東京・門前仲町のとある店。カウンターの奥で、店主が茨城特有の口調でつぶやいた。「あおなじみになっちちったなあ」。テーブルの角に腕をぶつけたらしい。多くの客が意味を理解できない中、千葉県出身の常連客だけが心配そうに声をかけている。

実は、茨城、千葉には、「打ち身によって生じた内出血の痕」を表す「あおなじみ」という方言がある。皮膚が変色していく様子を「青黒くにじむ」と表現したのが由来だとも言われている。わかりやすい名付け方だ。

共通語では、「あざ」と呼んでいるが、「生まれつき皮膚の一部が青黒く変色している部分」も「あざ」で、全く同じ呼び方だ。しょっちゅう転んだりぶつけたりしているわけではないので、二つの「あざ」が同じ言い方でも不都合はないのだが、方言の世界では、日本全国ほとんどの地域で両者を区別して表現しているのである。

ちなみに、最近よく耳にする「あおたん」という言い方は、もともと北海道の若者が使い始めた新しい方言が全国に広がったものだ。

ごじゃっぺ

茨城

東京・門前仲町の馴染《なじ》みの店。常連客の冗談に「まーた、ごじゃっぺばっかゆーんじゃねーよ」と、カウンター越しに店主が切り返している。茨城特有の口調が憎めない。

「でたらめ、いい加減、適当」という意味で、茨城を代表する方言として知られているが、使用地域は北関東に広がる。「ごじゃらっぺ」「ごじゃ」と言う地域もある。お隣の栃木では、「適当なもの言い」が発展して「嘘《うそ》」の意味で使われることも多い。「いい加減な人物」に向かって、「このごじゃっぺが！」などと罵倒する時に使う人もいるようだが、そのほのぼのとした語感では勢いも弱まってしまうかもしれない。

由来は不明だが、「ある」「いる」の敬語形「ござる」と関連させてみたくなる。「だめになる、変になる」の意味で江戸時代の中頃から使われていて、腐った魚を「ござっている」と表現している例も見られる。つまり、「普通の状態でなくなる」ことを表し、後に人の描写にも使われた。「普通でない＝でたらめ」と考えれば、語源を探る手がかりになりそうだ。

たぐまる

茨城

「袖たぐまって気持ちわりー」。茨城出身の知人が発した言葉をしばし理解できなかったことがある。長袖の服を重ね着すると、下に着たシャツの袖が中の方に引き込まれて一か所で丸まってしまうことがあるが、その状況をひと言で表現できる便利な方言なのである。ひもが絡まってほどきにくくなってしまった様子などにも使い、「たごまる、たがまる」などの形で関東や東北で広く使われる。

由来は「糸や網などを両手で手元に引き寄せる」意味の「たぐる」。平安時代から使われている古い言葉であるが、「挟む、縮む、緩む、絡む」から「挟まる、縮まる、緩まる、絡まる」が派生するのと同様、江戸時代には「たぐまる」が生まれ、「しわがよってくしゃくしゃになる」意味を表すようになる。これが方言として残ったわけだ。

ひと時代前に流行《はや》った女子高生のルーズソックスも、おやじ世代には、単に靴下が〝たぐまって〟いたようにしか見えなかったかもしれない。

〜だっぺ

茨城

門前仲町の馴染みの店、自粛中で気になる折、茨城出身の主《あるじ》がはまっているという『だっぺ帝国の逆襲』。方言ネタとご当地情報満載で県民愛を盛り上げるウェブ漫画だ。「だっぺ」は「こりゃダメだっぺ」と推量したり、「おめ男だっぺ」と念を押したりと日常会話で頻繁に使われる。

かつては「関東べい」と揶揄《やゆ》されたこともあったが、NHKの連続テレビ小説『ひよっこ』で人気女優が多用し、「かわいい方言」の仲間入りを果たした。千葉の一部でも使われるが、茨城弁の横綱格と言って良いだろう。

「だっぺ」は古語の「べし」に由来し、「べ（ー）、ぺ（ー）」は東北から関東にかけて広く使われる。「であるべし」から「だんべ（ー）」や「だっぺ（ー）」が生まれたようだ。「赤だっぺ渡れば子供まねすっぺ」。茨城弁による交通安全川柳コンテストでも大活躍。入賞をねらうには欠かせない。

映画化された『翔《と》んで埼玉』に押され気味だったが、いよいよ茨城の逆襲〝だっぺ〟。

あったらもん
栃木

どんな物か気になるところだが、「もったいない物、惜しむべき物」という意味の方言である。

江戸時代初期の兵法書『雑兵物語』には東国方言がふんだんに使われているが、その中に「あったらもん」も何度か登場する。少なくとも当時は関東地方の日常語であったようだ。

現在でも、栃木のほか、茨城、千葉などの関東圏はもとより、東北の一部や新潟、石川など使用地域は広い。幕末から続く新潟の麒麟山《きりんざん》酒造には『あったらもん』と名付けた銘柄もある。長崎の「あったらか」、鹿児島の「あったらしか」も、「もったいない」を表す同類の言葉だ。

由来は『古事記』や『万葉集』にも登場する古語の「あたらし」。もとは、「あまりにすばらしいので、その価値にふさわしい扱い方をしないでおくのはもったいない」という意味で、方言の「あったらもん」も「大切なもの、高価なもの」を指す場合がある。

一〇〇〇年以上にわたり生活の中で生き続けているが、その〝MOTTAINAI〟精神は今や世界標準になりつつある。

えんがみる

栃木

「いやーえんがみたよー」。コロナ禍の中、気分転換に映画を見に行ったわけではない。「えんがみる」は「ひどいめにあう」「大変な目にあう」との意味を表し、栃木のほか福島の一部でも使われる。

ところで、栃木の方言はイとエの発音があいまいで「鉛筆」が「いんぴつ」になったり、「駅」なのか「息」なのか区別がつかなかったりする。いろいろな本を読みまくったと言ったら「エロエロ?」とツッコミが入るのである。となれば、「えんが」は「因果」を発音したものだと察しがつくだろう。

この「因果」は奈良時代から使われている仏教語で、前世での悪行が現在の不幸を招いたとする考えを言う。「親の因果が子に報い」の表現でもお馴染みだ。江戸時代になると、「不幸」や「不運」といった意味が生まれ、その用法が方言の世界に残ったわけだ。

映画を見に行ったら大混雑で〝えんがみた〟と言っているうちはカワイイ「因果」なのかもしれない。

げんざ　栃木

子供の頃の夏休みの定番といえば昆虫採集。昔は都会でもトンボをよく見かけたが最近はあまり目にしなくなった。

トンボの呼び名には各地で様々な方言がある。栃木では、「げんざ、げんざんぼー」と呼ぶ。江戸時代の方言集『物類称呼』に「常州及上州野州にてげんざと云《いう》」と記されていることから、当時すでに北関東の方言と意識されていたことがわかる。

由来は『枕草子』などにも登場する「験者《げんざ》」。加持祈禱《かじきとう》によって物《もの》の怪《け》を退治したり病気の治癒を行ったりしたという。その目力の強さから連想されて名付けられたとの説もある。共通語の「とんぼ」がどのようにして生まれたかは定かでないが、北東北の「だんぶり」、富山の「だんぼ」、新潟・千葉の「どんぼ」などが関わっていそうだ。

筆者の現況はどうかと言えば、夏休みなのに、この原稿のためにトンボを横目に旅先からトンボ帰りという切ない境遇である。

まねる

栃木

「先生にまねてやっかんね」。北関東や長野の一部では「まねる」が「告げ口する、言いつける」の意味でも使われる。

共通語で「真似《まね》る」と言えば、「動きや様子などが他の人や物とそっくり同じになるようにする」ことを表すが、実はこの意味はかなり古いのである。平安時代の女性の手による『蜻蛉《かげろう》日記』には、作者の不機嫌ぶりを真似ておどけながら侍女たちにささやいている夫の様子が、自嘲気味に描かれていてユーモラスである。

ものまねがうまくできたかどうかは他人に披露したいもので、〝伝える〟ことが重要になってくる。そこから、方言の世界では「他人の言動をそっくり人に伝える」こと、つまり「告げ口」の意味が生じたわけだ。

昨今、内部告発によって企業の不祥事が明るみに出るニュースが世間をにぎわせている。ただ、子供たちの世界では、すばらしいお手本を〝真似る〟のはいいが、友達の行いをやたら先生に〝まねる〟のは控えてほしいものだ。

おやげねー

群馬

最近多い虐待事件の記事などを目にした時、群馬では「こりゃおやげねーなー」と感想を漏らす。共通語の「かわいそう」に当たり、長野や新潟の一部でも使われる。踏み荒らされて無残な姿になった草花に対しても使うようだ。

語源については江戸時代の国語辞書『俚言集覧《りげんしゅうらん》』に「或《ある》説に親け無《なし》より出たる語也《なり》といへり」と記されている。「親気」は「親らしい態度や気持ち」で『源氏物語』にも登場する。つまり「親気無い」は「思いやりが無い」こと。江戸時代になると、そのような親は「嘆かわしい、情けない」、そんな態度を向けられると「かわいそう、気の毒」と意味が広がっていく。

群馬の大学生が作成した『ぐんま方言かるた』で詠まれる「おやげねぇ」には「みっともない」との共通語訳が添えられている。県内でも意味が異なるようだ。

筆者の現況はどうかと言えば、毎週締め切りに追われていても誰も「おやげねー」と気遣ってくれないのはちょっと寂しい。

なから

群馬

「ほとんど」という意味で埼玉や長野でも使われる。ただし、「なからできた」と言った場合、六、七割ほどの状況から完全に近い状態まで、個人差があるようだ。なお、共通語で「だいたいでいいよ」と言われて、適当に帳尻を合わせておけば大丈夫だと都合よく解釈する輩もいるが、その点「なから」も同じようだ。

また、程度の高い状態からは「魚がなから釣れた」のように「量の多さ」を表したり、「今日はなっから暑い」などの強調の用法を生み出したのである。

もとは古語の「半ら」で、半分の量や大きさを具体的に表していた。平安時代の『枕草子』や『源氏物語』の中でも、簾《すだれ》や屛風《びょうぶ》の奥に体が半分入る様子が「なから」で表現されている。

その後、程度も表すようになり、半分ほどから程度の高い方向へと意味を広げていくが、「月のなから（中旬）」のように古い用法を残す地域も全国に点在する。

「原稿〝なから〟できてます」と便利に使いたい方言だ。

ほとばす

群馬

「大豆ほとばす」「干しシイタケほとばす」のように、乾物などを水に浸し、水分を含ませて柔らかくすることを意味する。共通語の「ふやかす」に当たり、群馬のほか長野の一部などで使う。用法が広がり、「洗濯物ほとばしといて」のように単に水に浸しておくことを表すところもあるようだ。

元になった言葉は「ほとびる」。平安時代の『伊勢物語』に「皆人、乾飯《かれいい》のうへに涙おとしてほとびにけり」という描写が見られる。旅に携行した干したご飯の上に涙が落ちてふやけてしまったということだ。

後に「滅びる→滅ぼす」の関係と同様に「ほとぼす」が生まれ、江戸時代には「干鮭をほとばす」のように「ほとばす」の形も使われるようになる。それが方言に残ったわけだ。

そう言えば、若い頃、慣れない自炊で乾燥ワカメを何となく水で戻したらものすごい量になってしまったことを思い出す。

むぐったい

群馬

群馬では、「くすぐったい」ことを「むぐったい」「むぐってー」などと言う。使用地域は隣接する埼玉の秩父地方や、栃木の一部にも広がる。これらの地域では、「くすぐる」ことは「むぐす」だ。また、くしゃみが出そうで出ないような時、シャツの中に入った小さな虫が背中をはっているような時など、むずむずした感じがする時にも使うようで、その微妙な感覚は方言でしか表現できない。「蚊に刺されてむぐってぇ〜」と言えば、「かゆい」に近い。

また、共通語の「くすぐったい」と同様、「そんなに褒められるとむぐったい」のように、なんとなくきまりが悪い、照れくさいという精神的な〝むずむず感〟も表す。地域によっては、尿意や便意を催し、トイレに行きたくてむずむずするような時にも使われる。こうしてみると、共通語の「むずむず」もかなり広い意味をカバーする便利な言葉に思えてくる。

ところで、面と向かって「このコラム最高に面白い」などと言われると、悪い気はしないが、〝むぐったい〟ものだ。

めかいご

群馬

まぶたのふちにできる小さな腫れ物、いわゆる「ものもらい」を指す方言。群馬を中心に、隣接する栃木、埼玉、長野の一部でも使われている。「めかご」「めけご」などの言い方もある。

語源は「目籠《めかご》」で、目を粗く編んだ竹籠、つまりざるのようなもの。ざるを半分だけ井戸に見せると治る、ざるをかぶるとものもらいができるなどの言い伝えに由来するとも言われている。そもそも共通語の「ものもらい」も、他人から物をめぐんでもらうと治るという言い伝えに由来する俗称で、医学的には「麦粒腫《ばくりゅうしゅ》」と呼ばれる。

九州では、「犬の糞《くそ》」に由来する「いんのくそ」という呼び方があるが、口に出して言うことが憚《はばか》られるような汚い言葉を用いることで、ものもらいの発症を遠ざけるというタブー的な発想によるものである。

西日本で広く使われる「めいぼ」「めぼ」のような「目にできるイボ」を示す単純な命名は例外。自然治癒するという気安さからか、俗信で解決を図る心理になり、様々な呼び名が生まれたようだ。

いんごっぱち

埼玉

「頑固者、強情者」の意味を表す埼玉の方言。「うちのとーちゃんは、いんごっぱちだかんな」などと使う。

「いんごっぱち」の「いんご」は、平安初期の空海の漢詩文集にも登場する仏教用語の「因業」で、本来は「何らかの結果を生む原因になる行為」のことを表す。江戸時代以降になると、前世の悪業が原因となって招いた「思いやりのない頑固さ」や「人に対する仕打ちが情け容赦もなくひどいさま」を表すようになる。単なる「頑固」よりは、たちが悪そうだ。そのためか、「因業なやり方で借金を取り立てる」といった無慈悲な行いを表す時など、お金絡みの場面で使われることが多い。それに比べると、方言の「いんごっぱち」は一般的な「頑固者」なので、まだましに思えてくる。

「〜ぱち」は、「うそっぱち」「やけっぱち」などと同様、意味を強調したり、語全体に勢いを与えたりする役割を担うだけで、これ自体には特に意味はない。

とはいえ頑固者というだけでもやっかいなのに、勢いづかれてはたまったものではない。

こそこそ

埼玉

東京に隣接しているにもかかわらず、埼玉では、共通語形でありながら変わった用法が見られる。

「毎日こそこそ仕事をする」「テスト前にこそこそ勉強する」と言っても、人に知られないようにこっそりと行っているわけではない。「こつこつ」の意味で使われているのだ。堂々と積立貯金をしていても「お金をこそこそ貯《た》める」と言う。周りを出し抜こうという気などさらさらないのである。この「こつこつ」を「少しずつ」と捉え、小雨のことを「こそこそ雨」「こそ雨」と言うこともあるようだ。

また、県内の一部では「こそこそ夏休みだ」のように「そろそろ、まもなく」の意味で使われるところもある。「こそこそ出かけよう」と言っても、怪しげな行動を取ろうとしているわけではない。

原稿の締め切りからこそこそ逃げ回っているように見せて、実は〝こそこそ〟書きためているという状況を夢見てしまう。

ぺけ

埼玉

「成績はクラスで最下位だ」などと言う時の表現は「びり」が全国で使われるが、西日本の広い範囲では「どべ」と言われる。

ただ、三〇年ほど前には埼玉の女子高生の間で「ぺけ」の使用率が七五％前後という調査報告もある。今でも埼玉を中心に関東のところどころで「運動会の一〇〇メートル走でぺけになった」と言うようだ。

この「ぺけ」、一般的には「だめ、役に立たない」という意味で使われるが、西日本の各地では「〇」に対する「×」のことを指すことが多い。

語源としては、中国語の「不可」が江戸時代に外来語として取り入れられる際に原音に似た発音になったとも言われている。本来の「だめになる、拒否する」との意味から次第に「最下位」や「×」という限定的な意味が生まれたようだ。

「〇×式の試験で適当に〝ぺけ〟を選んだら、結果は〝ぺけ〟で、順位は結局〝ぺけ〟だった」。う〜ん、頭が〝ぺけ〟になりそうだ。

あじょにもかじょにも　千葉

千葉・南房総の漁港の町、勝浦に四〇〇年以上続く朝市がある。旬の食材で賑《にぎ》わう雑踏に「あじょにもかじょにも、しょーねーよ」と大声が響く。物事が行き詰まり、「どうにもこうにもしょうがない」という思いを吐露しているが、その言い回しに悲壮感は感じられない。むしろ人情味あふれる雰囲気が伝わってくる。

共通語の「どうにもこうにも」「ああでもこうでも」などと同様コソアド系の言葉を繰り返す慣用表現だ。「昨日、あじょした?（どうした?）」のように、「あじょ」が単独で使われることも多い。

これは、元の形の「なにといふ」が「なにてふ」→「なんでふ」→「なでふ」→「なじょ」のように変化したものと考えられる。かつて「てふてふ」が「ちょうちょう（蝶々）」と読まれたのと同じだ。それが、東北地方で広く使われるように「なじょ」のnaのnが落ち、「あじょ」となったようだ。

『竹取物語』の中では、物思わしげに月を眺めるかぐや姫に向かって、竹取の翁《おきな》が「なんでふ心地すれば……」と問いかけている。生活に残る方言に一〇〇〇年の時を感じてしまう。

あんご　千葉

千葉・南房総で「蛙《かえる》」の意味で使われる。「あんごう」とも言う。特に「ひきがえる」を指すところもあり、江戸時代の方言集『物類称呼』の「ひきがえる」の項「房総にてあんがう」との記述と一致する。

語源は鍋やあんきもでお馴染みの「鮟鱇《あんこう》」であるが、室町時代の辞書では「鮟鱇」を「足のある魚也《なり》」と記しており、当時は「山椒魚《さんしょううお》」のことも指していたようである。顔の酷似と両生類という共通点から「蛙」の呼び名に転用されたようだ。水族館で「かえるあんこう」なる種類を見かけた時には、その命名に納得した次第である。

また、同時期に「あんごう」が「ぼんやりしてる者、愚か者」の意味も表していた。鮟鱇や山椒魚の動作の鈍さにたとえたようだ。今では三重、岡山などに「馬鹿《ばか》」を表す方言として残っている。

馬鹿扱いされたり蛙呼ばわりされる鮟鱇も気の毒である。ただ、鮟鱇料理を食す際に蛙の姿が重なってしまうと箸が止まってしまうかもしれない。

おっさ　千葉

千葉県市原市のマスコットキャラクター「オッサくん」。市のPR活動をサポートしている。

この「おっさ」は県中西部を中心に使われる方言で、相手の発言に「そうだね、そうだよ」などと同意の相づちを打つこと。「今週のコラム読んだ?」との問いかけに「おっさ」と応じれば「うん、もちろん」といった感じだ。「当たり前だ」と強く同意する時には「お〜っさ!」と言ったり「おっさ、おっさ」と繰り返したりと発音の仕方で同意の程度が異なるようだ。

語源は「おお、そうさ」が縮まった形だとも言われる。木更津の港まつりで催される『やっさいもっさい踊り』は「おさ、おさ、おっさ」という掛け声で心を一つに盛り上がる。「おっさ」が「そうだね」という相づちの表現であることから「みんなお互いに理解し合おうよ」という思いが込められているらしい。

「原稿できたか?」の問いに、常に「お〜っさ!」とドヤ顔で応じてみたいのだが……。

おっぺす

千葉

千葉・九十九里では、昔、砂浜から船を沖に押し出す人たちを「おっぺし」と呼んでいた。おもに女性が担い、漁師の仕事を支えていた。

「おっぺす」は「押す」ことを表し、千葉のほか関東で広く使われる。

元の形は「おしへす」で、平安時代の『枕草子』に使用例が見られる。「押す」と「へす（圧す）」の複合語のため「押しつけてつぶす」ところまで表す。ただ、方言の用法では「もっとまっつぐ（真っすぐ）おっぺせ」「ここにハンコおっぺしてくれ」などのようにそれほど圧力は感じられない。

地域によっては「読売新聞おっぺしのコラム」のように「一押し」に当たる使い方も見られる。

なお、「へす」を単に「押す」の意味で使うところも全国に点在している。

ワールドカップで日本中に感動を巻き起こしたラグビー日本代表。スクラムで外国勢を〝おっぺす〟迫力は、むしろ〝おしへす〟と表現した方がピッタリくるほどだ。

かったるい

東京・埼玉・神奈川

「授業、ちょーかったりー」。電車内でいまどきの高校生の会話が聞こえてくる。何をするにもやる気が出ない、面倒くさいといった感覚を表す若者特有の表現だ。

ところが、江戸時代の方言集『物類称呼』には、「くたびれたといふ事を〈略〉畿内にて、しんどと云、〈略〉東国にて、かったるいと云」と記されている。もともと「かったるい」は、疲労感を表す関東の方言で、その用法は東京の西部から埼玉、神奈川の一部に残っている。

元の形は「かいなだるい」。「かいな」は腕を表す古い言い方で、大相撲中継でアナウンサーが「かいなを返す」などとしばしば使っている。かつては、「腕がくたびれてだるい」という意味であったが、次第に身体や身体の一部の疲れを表すように意味が広がっていった。

東京では、「お」の付いた「おかったるい」という言い方もあり、物足りない感じを表現していたようだ。

ただし、縮めて「たるい」「たりー」となってしまうと、もはや若者専用の言い方になってしまう。

うざったい

東京

若者言葉の代表のように思われているが、実は東京の多摩地方で使われていた伝統的な方言である。小さなものがたくさん群がることを表す「うざる」という言葉が語源らしい。「気味が悪い」という意味で、八王子の方言集にも採録されている。

したがって、多摩地方では、植木鉢に小さな虫がうじゃうじゃしている様子を見つけたり、大きな爬虫《はちゅう》類に出くわしたりしたお年寄りが、「うざってぇべー」などと言ったりするのである。

その不快感を表す部分が強調されて、うるさい時、煩わしい時、面倒な時などに使う便利な言葉として若者の間に広がり、全国へと発信されていった。ロックグループが歌う歌詞にも登場したことで、この言葉を使うとかっこ良いという付加価値が生じ、若者への浸透を後押ししたようだ。今では短縮された形の「うざい」も多用される。

若者の間では、「お前、うざい奴《やつ》」など、相手に不快感を表明する際に使われることが多く、本来の用法からすれば、残念な方向に意味がずれていってしまった気がする。

おこじゅー

東京

以前立ち寄った都下の施設。パリのマルシェ（市場）をイメージし、産地直送野菜やキッチン雑貨がおしゃれに並ぶ。そこで目に留まったレストランの店名が「Ａｕｃｏｊｕ」。いかにもフランス風だが、由来は東京・多摩地域の方言「おこじゅー」。仕事の合間、お茶や軽食を取りながら一服してほしいとの意図が込められているという。

「おこじゅー」の元の形は「こじゅーはん（小昼飯）」。「午後の間食、おやつ」を意味し、江戸時代の方言集『物類称呼』には「東国（関東）の方言」と記されている。

「こじゅーはん」の省略形に、丁寧の意を添える「御」が付いて「おこじゅー」。そう言えば武蔵村山の和菓子店のどら焼き風の菓子の名も「おこじゅ」だ。

ちなみに「御小昼」の「こ（小）」はちょっとした状況を添えるが、リモートワークで家にこもっていると、ついつい食べ過ぎ、軽い食事の〝おこじゅー〟でも体を重くしてしまうのである。

のめっこい

東京

東京・東村山の観光PR用のキャッチフレーズ「のめっ恋まちひがしむらやま」。「のめっこい」は東京の多摩地域や隣接する埼玉、山梨の一部を中心に使われる方言で、「親しい、仲が良い」という意味を表す。恋をするほど東村山に親しんで欲しいとの思いが込められている。地域の魅力を伝える情報発信や様々な活動に欠かせないキーワードのようだ。

この「のめっこい」、もとは、「なめらか、つるつるしている」との意味を表し、明治の文献では風呂に浸《つ》かったら肌がツルツルになったという文脈で登場する。山梨県丹波山村にある「道の駅たばやま」の温泉施設も「のめこい湯」だ。肌触りの良さのほか、手触りやうどんを食べた時の喉ごしなど、触れた感じの滑らかさが次第に意味を広げ、人間関係の円滑さを表すようになったようだ。

親しみやすさをアピールするためにキャッチフレーズに採用している企業もあり、近年は「のめっこい」のが重要戦略になっているのだろう。

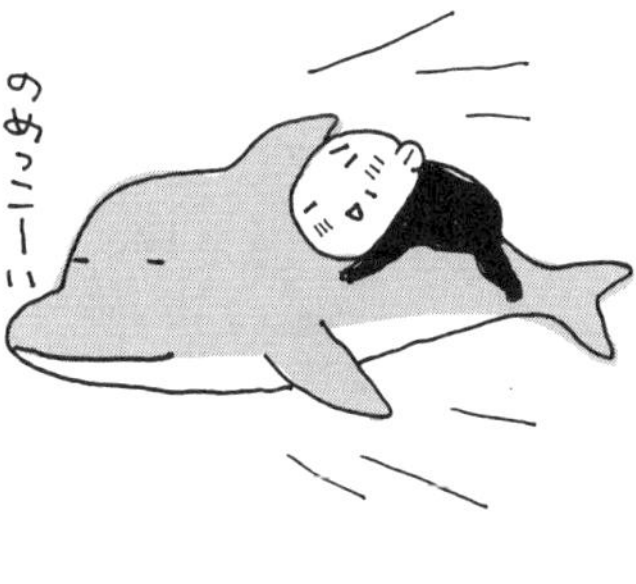

べらぼー

東京

相手をののしって言う時に使う江戸言葉の代表格。差し詰め「バカ野郎！」といったところだ。「何言ってやがんでえ、べらぼーめ」などと末尾に「め」を付けることが多く、それが変化した形が「べらんめー」だと言われている。

一説には、江戸前期の寛文年間に見世物で評判だった奇人の名「便乱坊《べらんぼう》」「可坊《べくぼう》」が由来だとされる。その奇人は全身がまっ黒で頭がとがり、目が赤く、猿に似たようなあごの奇妙な容貌を持ち、間の抜けた仕草《しぐさ》で見物人の笑いを誘ったという。その姿からバカな様子を表すようになったようだ。

後に「べらぼーに寒い」「べらぼーに食べ過ぎた」など、程度のはなはだしさを表す用法が生まれ、今や全国各地に広まっている。ちなみに、「並・大盛り・べらぼー」とサイズを設定しているパスタ屋もある。

忘年会シーズンたけなわ、〝べらぼー〟に酔っぱらって、〝べらんめー〟にならぬよう気をつけたいものである。

いとど

神奈川

高校生の頃、古典の授業で習った「いとをかし」という表現が妙に頭に残っている。日頃「面白い、美味しい」などの感情や感覚を「とても〜」と強調して伝えることがとても多いが、古《いにしえ》の生活でも同じだったのかと感心したものである。

その「いと」に由来するのが「いとど」。「いと」を重ねて強調度合いを増幅させた「いと」の変化だと言うが、神奈川の方言では「話しているうちにいとど楽しくなった」のように、「一段と、ますます」の意味で使われる。神奈川生まれの作家・中里介山《なかざとかいざん》も小説の中で無意識に使っているようだ。

平安時代の歌物語『伊勢物語』に収録される和歌「散ればこそいとど桜はめでたけれ憂き世に何か久しかるべき」。「（惜しまれて）散るからこそいっそう桜はすばらしい」と詠まれており、用法は現代にも引き継がれている。

それにしても、一〇〇〇年以上前の古語が首都・東京のお膝元に残っているとは驚きである。

中部

新潟
富山
石川
福井
山梨
長野
岐阜
静岡
愛知

かづける

新潟

「おめ（お前）の失敗、わー（俺）にかづけるな」と言えば「自分の失敗を人のせいにするな」、「来客にかづけて酒が飲める」と言えば「かこつける、都合のよい口実にする」という意味に当たる。甲信越地方や東北各地で使われ「かつける、かんつける」と言うところもある。

この「かづける」は平安時代の古語「被《かづ》く」に由来し、古くは「頭にかぶらせる」という意味であった。後に原因や動機を他人に〝かぶせる〟ということから「責任転嫁」の意味に広がっていくのである。

ところで、里芋の小芋を皮のまま茹《ゆ》でたものを「きぬかつぎ」と言うが、「皮をかぶっている」ことから「かづく」の古い用法に関連する呼び名なのである。

病気に〝かづけて〟ズル休みするくらいはかわいいものだが、近年メディアで多く取り上げられる、部下や、秘書、ひいては酒に〝かづけて〟言い逃れをする姿は残念なことである。

こくる
新潟

「こくるにはヘチマが最適だ」と言っても、若者たちが〝コクる（＝好きだと告白する）〟際の奇妙な風習の話というわけではない。新潟では「背中をこくる」のように「こする」の意味で使われる。単に力を入れて摩擦するというよりは「強くこすって表面に付着しているものをはぎ取る」ことを表すようだ。スーパー銭湯などでお馴染《なじ》みの韓国式アカスリをイメージするといいかもしれない。

「こくる」は古くから「こする、はぎ取る」の意味で使われ、脚のすねをこすったり、こする際に軽石《かるいし》を用いたりする様子が鎌倉時代以降の文献に描かれている。

また、動詞に付いてその動作を強調する用法もあり、長野や群馬など周辺地域にはこの用法が残っている。強く押したり突いたりすることを「押しこくる、突っこくる」などと言うのである。なお、共通語の「黙りこくる」もその用法の名残だ。

早いもので、今年も一年のアカを〝こくる〟時期になってしまった。

じょんのび

新潟

新潟を代表する方言である。女子大の授業で話題にすれば、学生たちの反応は「ロックバンドの名前みたい!」。「それはボン・ジョヴィでしょ!」との返し技も用意しておかねばならない。授業にも掛け合いが必要なのかと悩んでしまう。

さて、この言葉、共通語にはぴったり当てはまる表現は見当たらない。新潟県人が一番しっくりくるのが温泉に入った時。湯船につかってのんびりくつろいでいると、「あー、じょんのびじょんのび」と思わず口から漏れてくる。何とも言えぬ解放感に浸った時のゆったり感を表すようだ。そんな風呂あがりには、かつて販売されていた地域限定ビール「じょんのび」は最高の一杯だっただろう。

柏崎市にある道の駅『じょんのびの里高柳』をはじめ、県内の温泉施設や新潟色をアピールする店の名称としても引っ張りだこだ。

語源は「情伸《じょうのび》」とも「寿延《じゅのび》」とも言われている。いずれにしても、のびやかな気持ちで長生きしたいという思いは〝じょんのび〟に込められている。

なじ

新潟

最近、地方の土産物店などで「方言番付」なるものに出合うことが多い。しかも同じ県内でも地域によって三役の顔ぶれが異なり面白い。新潟県内で東の横綱を張ることもあるのがこの「なじ」。「どうだい」「いかがですか」と声をかける時に「なじら」「なじらね」などと使う。朝昼晩オールマイティーで使える便利な挨拶言葉だ。

地元民からは英語の“How are you?”と同じ用法だと説明されることが多い。状態や様子を尋ねたい時に、「今年のトマトの出来はなじらね」「あそこの温泉はなじらね」のような使い方もできる。

元の形は『竹取物語』にも登場する古語の「なんでふ」にさかのぼる。「何といふ」が縮まったもので、「なんじょう」と読む。旧仮名遣いで「蝶々（ちょうちょう）」を「てふてふ」と表記したのと同じだ。「なじょだ」という古い形を残している地域もあり、通りの呼び名や菓子名にも利用されている。

勧誘の用法もあるようで、こう暑い日が続くと、「これからビヤホールで一杯なじらね」などと声をかけてほしいものだ。

よっぱら

新潟

「ステイホームで、へーよっぱらになったて」。家で飲んだくれていたわけではない。「もう飽き飽きした」と言うのである。嫌気がさしたというニュアンスも込められているらしい。

この「よっぱら」は程度のはなはだしさを表す古語で、もともと「十分、いっぱい」の意味で使われていた。

そもそも「はらう」には「売り払う、引き払う」などのように、「すっかり～する」の意味がある。「酔っぱらう」は「すっかり酔う」ということだ。「よっぱら遊んできた」は十分満足かもしれないが、「先生によっぱら呼び出された」らもうさんざんだ。「焼き肉食ってよっぱらになった」に至っては「満腹になって満足」なのか、「もう沢山《たくさん》だ。勘弁してほしい」のか判断が難しい。十分な状態も度が過ぎると飽きてしまうのである。

いずれにせよ、左党の諸氏にとっては〝よっぱら〟酔っぱらっても飲み飽きてしまうということにはなるまい。

だやい

富山

富山では、疲れて体がだるい時、気分的におっくうな時、面倒くさい時、「だやいわ」とつぶやくだけで状況が伝えられる。体力的にも精神的にもこれ以上何もしたくない気分を表すのにこれほど便利な言葉はないらしい。石川の一部でも使われるが、方言だと気づいていない人も多い。最近の若者は暇をもてあました時も「もう、だやてかなわんわ」などと言うようだ。

語源は古語の「たゆし」に由来するとも言われている。『万葉集』の和歌にも登場し、奈良の都では「疲れて力がない。元気がない」という意味の共通語として堂々と使われていたのだ。

江戸時代の方言集には「労して苦しむこと」を「加賀（現石川県）にて、てきないと云《いう》」と記されていて、今でも北陸地方では「てきねー」「ちきねー」などの形で使われている。ただし、「てきない」は、体力的な辛《つら》さに対して使うのが一般的なようだ。

ところで、この〝だやい〟状態を端的に表現できる言葉が共通語にはない。そのため東京の人たちは関西弁の「しんどい」に頼っているのである。

つかえん

富山

故障もしていないのに「このコピー機つかえんちゃ」と言われると何か意地悪されたような気分になるが、富山の「つかえん」は「かまわない、差し支えない」という意味を表している。つまり、「使えない」のではなく使用可能なのである。

古くは「つかえる」の形で、江戸時代に入る頃にはすでに使用例が見られ、「行き詰まったり邪魔なものがあったりして先へ進めなくなる」という具体的な進行の妨げを表していた。ここから「差し支える、都合が悪い」などの意味へと広がり、現在ではその用法が各地の方言に残っている。ただし、富山では打ち消しの形が日常的な表現として定着したようだ。

共通語の「餅が喉につかえる」などの表現には、もともとの「物に妨げられて先へ進めない」との意味が残っているのである。

「今週のコラム読みたい」と頼んで、「これつかえんよ」と新聞を渡されたらなんとも複雑な気がしてくる。

がんこ

石川・静岡

地理的な連続性はないが、石川、静岡で代表的な方言として取り上げられることが多い。「度を越えるほど程度のはなはだしい様子」を広く表しており、「がんこ安い」は「とても安い」、「がんこな手間がかかっている」は「手間の量が並はずれて多い」という意味になる。「がんこな男」と言っても頑固おやじの類《たぐ》いではない。「豪快な男、無茶をする男」ということだ。

もともと共通語の「頑固」は、「かたくなで、なかなか考えや態度をまげようとしない」という意味だが、後に、洗剤のキャッチコピー「がんこな汚れに○○」のような「取りついて容易に離れようとしない」との意味が生じる。その「度を越えた状況」が方言の世界で用法を広げたようだ。

北陸新幹線の開業で勢いづく金沢では土産物の開発にも力が入るが、「がんこうまい、がんこおかき」が人気だ。静岡ではよさこい系の「浜松がんこ祭」が賑《にぎ》わいを見せる。究極の祭りを目指して命名されたという。

度を越した連日の猛暑には、〝がんこ暑い〟がぴったりの表現だ。

えちゃけな　石川

先日、石川のJA小松市が、おいしさを追求したコシヒカリのブランド米『えちゃけな』を開発したとの記事を目にした。歌舞伎の子供役者が描かれた包装袋入りという点も新鮮だ。

「えちゃけな」は「かわいい」という意味の石川の方言で、「いちゃけな」とも言う。新たに誕生した米を幼い子供のように愛《いと》おしむ気持ちと、大切に育てた米を地域ブランドとして発信していきたいとの思いが込められたネーミングだ。

輪島市を舞台にしたNHKの連続テレビ小説『まれ』の中でも「えちゃけやな〜」と連呼されたことから、〃かわいい〃方言として人気も急上昇のようだ。

姿を変えているが、元の形は、幼くてかわいらしい様子を表す「いたいけな」。室町時代から使われ続けている言葉だ。見た目だけでなく、ちょっとした仕草や表情のかわいらしさも言い表す点は共通語の「かわいい」と同じだ。

地元では、〃えちゃけな〃ご当地アイドルグループがイベントを盛り上げるなど、観光PRにも一役買っている。

～じー　石川

文末に添える「～よ、ね」に当たり、「その服、かっこいいじー」と言えば、「いいなあ」とうらやみ、「今日、元気ないじー」と言えば、「大丈夫か」と心配し、「そんなこと聞てないじー」と言えば、周囲に不満をぶつける。いずれも、その様子や状況に対する驚きが込められていると言う。

この「じ（ー）」、「俺は行くぜ」のように、男性特有の表現とされる「ぜ」が変化したとも。「ぜ」は相手に押し付ける感じがあるが、「じー」を添えると相手に寄り添った表現に思えてくる。

一方、自分自身の状況を自慢げに伝えたい時には「宿題、もう終わったうぇー」「明日から旅行に行くうぇー」などと言う。「いいだろう」と優越感を含んだ言い回しになる。この「うぇー」は、「そんなこと知らんわい」のように詠嘆を込めた確認の意味を添える「わい」の変化とも言われる。

「うぇーい」と言えば、よそ者は、若者がノリノリではしゃいでいると思うかもしれない。そう勘違いをされる方言もまた、魅力的で〝いーじー〟。

〜まっし

石川

小松市内の国道沿いに位置する道の駅『こまつ木場潟《きばがた》』。基本テーマは、「来まっし・見まっし・食べまっし　まるごと小松」。石川県をアピールする方言として、観光用キャッチコピーをはじめ、様々な媒体で大活躍である。

同県を中心に古くから北陸地方で使われる敬語に「まさる」という方言があり、目上の人に対して「どこにいらっしゃるの？」と尋ねる時には、「どこ行くまさる？」のように使われてきた。その「まさる」の命令形が「まっし」なのである。さかのぼれば、江戸時代の浮世草子『好色一代男』にも登場する敬語の「ましゃる」が変化したものだ。

次第に「まさる」は日常会話で使われなくなっていくが、「まっし」は、「はよ行きまっし」「ここ、すわりまっし」などと接続の仕方も変わり、意味も「お〜しなさい」と相手にやさしく命令したり勧めたりする時のやわらかい表現として定着した。

今まさに受験シーズンもたけなわ。「みなさん、頑張りまっし！」

えん 福井

「家には誰もえん」「まだ、ご飯食べてえん」のように、人の存在を表す「居る」や「〜ている」の打消しとして使われる。

この「(人が) 居る」は、富山—岐阜—愛知と続く県境の東側を境界線として、東日本の「いる」と、西日本の「おる」に使用地域が分かれる。ただし、福井では「いる」が使われることが多いようだ。

また、「行かない—行かん」「起きない—起きん」などのように打ち消しの表現も「ない」と「ん」で東西に分かれる。

それらを組み合わせると、東では「いない」、西では「おらん」となるが、「いる」が使われる福井では「いる」+「ん」で「いん」という形が生まれる。この「いん」の発音上の変化が「えん」ということだ。方言的な用法だと気づいていない人も多い。

ところで、サッカー・ワールドカップの熱戦に見入って、あまり〝寝てえん〟日が続く諸氏が筆者も含めて多いのではなかろうか。

おぞい

福井

大相撲の番付表に見立てて、方言とその意味を並べた〝方言番付〟。自治体のホームページで紹介されたり、クリアファイル、手拭いなどの土産物として売られたりと地域PRに一役買っている。都道府県単位のものから小規模なエリアのものまで種類は豊富だ。

たまたま目に付いたのが福井県の番付で西前頭筆頭に位置する「おぞい」。意味は「悪い」とある。品質、天気、人柄などのよろしくない状態や古臭かったり、お粗末だったりする様子まで広く表し、使用地域も中部から近畿に広がる。

もともと「おぞい」は平安時代には「恐ろしい」の意味で使われており、この用法は現代でも県内をはじめ全国の方言に残る。「悪い」の意味が登場するのは江戸時代になってからのようだ。

テレビで時代劇ドラマを見ていたら、お馴染みの台詞《せりふ》も方言では「お主もおぞい奴《やつ》よのう」となるのかと、ついついお粗末な考えを巡らせてしまった。

おちょきん

福井

「お貯金」なる丁寧語が登場したという話ではない。土産物店で見かけた福井弁Tシャツには、「おちょきんしねまっ！」とある。「きちんと座りなさい」、つまり「正座」の意味だ。子供に向かって行儀をただす時に使うことが多い。いわゆる幼児語の類いだ。

由来は、整っているさまを表す古語の「ちんと」。江戸時代後期から使用例が見られるが、当時の文献には江戸の「きちんと」に対応する大阪の方言だとの記述もある。つまり、「ちんとすわる」に丁寧の「お」が付き、一語になったということだ。大阪では「おっちん」というところが多いが、「ちんとおすわりしなはれ」のように古い用法も残している。

正座については、隣の富山では、同じ由来だが「ちんちんかく」と表現する。

ところで、福井特産のサツマイモ「越前金時」を使った焼き菓子には、語呂合わせで「おちょ金時」と名付けられたものがある。「みんなで座ってお菓子を食べる」との意味が込められているようだ。

ただし、かしこまって食べなければならないというわけではない。

かぜねつ

福井

「かぜねつであまり食べれんわ」。風邪による発熱で食欲がなくなったのかと誤解されることが多いが、福井の「かぜねつ」は「口内炎」を表す。石川や富山の一部でも使われる。風邪をひいた後や、熱が出た病後の体が弱っている状態の時に症状が表れやすいことからの命名のようだ。「口内炎」のほか、「口角炎、口唇炎」など口の中や唇の周辺に吹き出物ができたり荒れたりしてひりひりする症状全般を指すところもある。

富山では「かぜのかた」と言うところもある。「かた」は「後に残されたしるし」を表す平安時代の古語の残存で、「風邪の痕跡」という発想らしい。

「かぜねつ」も「かぜのかた」も医学用語ではなく経験的に名付けられた呼び名であるため方言だと気づいていない北陸出身者は多い。

いずれにせよ、食いしん坊にとって〝かぜねつ〟は、万病の中で何よりも最悪の〝病〟である。

からかう

山梨

「からかっといて！」。イジメにつながる行為を推奨しているわけではない。「パソコンからかってみたけど、ダメだ」と言っても、機械相手に冗談を言ったりいたずらをしたりして、困らせ面白がっているわけではないのである。

誤解を招くことが多いが、山梨では、「いろいろ手を尽くす」「あれこれやってみる」の意味で使われる。何か困難な事態を打開するために、知恵を絞り時間をかけて取り組むことを表すようだ。

「からかう」は平安時代から使われている言葉だが、当時の意味は「戦う、論争する」。心の葛藤を表現することもあったようだ。室町時代になると、「関心を寄せる」「かかわる」の意味が現れるが、そのかかわり方が複雑になっていき、山梨で使われる「手間をかける」の意味に発展したと考えられる。ちなみに、現代の共通語として使われる「からかう」の意味は江戸時代後期からの登場で、比較的新しい。

山梨では、どんなにからかっても周りから怒られることはない。むしろ褒められる行為なのである。

ささらほーさら　山梨

宮部みゆきの時代小説『桜ほうさら』。モチーフとなっている桜と物語に登場する甲州弁「ささらほーさら」とを絡めたタイトルだ。

朝からトラブル続きでひどい目にあった時や、計画に一貫性が無くしっちゃかめっちゃかな状況など、目茶苦茶な状態を広く表す。山梨のほか長野や埼玉の一部などでも使われる。

この「ささら」は古代から民俗芸能で使われてきた楽器の一種で、竹製の器具をすり合わせて音を奏でる。その演奏法から、すり減ったり、用をなさなくなったりした物のたとえとしての意味が生まれた。語調を整えるために「ほーさら」を添えて方言の用法へと広がったようだ。結果的に物事がうまくいかないことや、放ったらかしになっている状態も表すことから「適当、いいかげん」の意味で使うところもある。

手を抜いた〝ささらほーさら〟な仕事をすると結局は〝ささらほーさら〟なことになってしまうということか。

だっちもねー

山梨

『だっちもねえこんいっちょし』。山梨県の家具メーカーがかつてCMに使った曲の題名である。意味は、「くだらないことを言うな」。甲州弁満載でラップ調のノリノリの曲だ。「だっちもねー」は、「くだらない、どうしようもない」という意味で、山梨のほか新潟や長野の一部でも使われる。語形も「だっちょもねー、だっちゃねー、だっちゃーねー」など様々で、「らっちもねー」という言い方もある。実はこの形から、元は「らちもない」であったことがわかる。

「らち」については、物の周囲に設けられた柵を表す「埒《らち》」との語源説もある。後に、物事の区切りや適当な範囲、物事に結末をつけることを意味するようになり、結末のないことを表す「埒もない」が「くだらないこと」と意味を広げて方言に残ったようだ。ちなみに、ラ行とダ行は発音の仕方が近いため、各地で「ローソク→ドーソク」のような交代が見られる。

ところで、水出しの〝ダッチ〟コーヒーのことを、まずいコーヒーと勘違いした輩《やから》がいたとの笑い話もある。

〜ちょ　山梨

「スピード出しちょ」。甲府市郊外の見通しの悪いカーブで見かけた看板である。他県の者からすれば「速度を上げろ」と言われているような錯覚を覚えてしまうが、実は逆で、山梨の西部では禁止の表現なのである。やさしく注意する時は、語尾に「し」を付けて「そんなとこ渡っちょし」のように言う。

ところで、古文読解の基本的な語法「な〜そ」を習った覚えのある人も多いのではないだろうか。「な鳴きそ」「な散りそ」のように奈良時代から多用されていて、古典を読むと必ず出会う禁止の表現である。

福島県いわき市の「勿来《なこそ》の関」も、「な来そ」、つまり「来るな」が由来だという説もある。次第に「そ」だけで禁止を表すようになり、山梨では「ちょ」と形を変えて現代まで残っているわけだ。隣接する静岡の一部には「行っそ」のような古い姿を残す地域もあるようだ。

それにしても、道路交通の注意喚起のつもりが運転手を戸惑わせてしまうとは、危なっかしい看板と言われても仕方ないかもしれない。

おつくべ

長野

以前、長野のあるお宅を訪問した際に、「おつくべしないで楽にしてください」と言われたことがある。足を崩して楽に、ということだが、この「おつくべ」は「行儀正しく座ること」、つまり「正座」を表す方言で、長野を中心とした甲信越地方や隣接する群馬や北陸の一部で使われる。

　共通語でも「よつんばいに伏す」ことを「はいつくばう、はいつくばる」と言うが、その元の形「つくばう」に由来する。「つくばう」は「突き這《は》う」が変化した古語で「よつんばいになる」という意味のほか「しゃがむ」動作も表していた。その名詞形「つくばい」に丁寧の「お」を添えた「おつくばい」から生まれた形が「おつくべ」である。元の「おつくばい」という言い方を残す地域もある。

　元は手を突いてしゃがむ動作が、かしこまる姿勢になったようだが、「お」も座り方を丁寧に感じさせるのに一役買っているかもしれない。

～しない

長野

「カラオケ行くしない？」。「行くのか行かないのかどっちなんだ！」とツッコミを入れたくなるが、「カラオケ行こう」と誘っているのである。長野・北信地方を中心に若者の間で使われる言い回しだ。特に女性が多用するようだが「行くしねー」と言えば男性っぽくなる。勧誘の用法のほか「あの人かっこいーしない」と言えば「かっこいいよね」と相手の同意を促し、「あの店に行けば売ってるしない」と言えば「売っているだろう」と推量していることになる。「そんなことしないんじゃない？」と打ち消しの同意を求める場合は「そんなんしないしない？」となるからさらにややこしい。

近年の調査研究によれば、「明日晴れだしない（晴れだよね）」、「今日暖かいしない（暖かいよね）」のように事態を確認する言い方が用法を広げたようだ。

大型連休を控え、〝旅行行くしない？〟などとはしゃぎたてられても、人混み嫌いな身としては何もしないで家でのんびり過ごしたい気分だ。

しみる

長野

豆腐の加工食品「凍り豆腐」「凍《し》み豆腐」、呼び名は異なるがいずれも同じものを指している。固く水切りした豆腐を適当な大きさに切り、寒中の屋外に放置する伝統的な製法に由来する命名である。

つまり、地域によっては、「凍る」ことを「しみる」と表現するところがあるのだ。東北、北陸、中部、中国地方の日本海側など降雪量の多い地域に広がっている。

ところが、長野では「しみる」が「寒い」という感覚を表したい時にも使われる。「今朝はえらいしみたで、野菜もしみちったたいねー」などと言うのである。実は、この「しみる」は平安時代にも「こおるように冷たく感じる」という意味で使われていて、『源氏物語』などにも用例が見られる。具体的なものが凍るほどの厳しい寒さを表現する一種の比喩的な用法として方言の中に根付いているのだ。

なお、県内では体で〝感じる〟寒さを「寒《かん》じる」と言うところもある。ダジャレというわけではない。「寒い」を動詞に変換して表現しているわけだ。

ずく　長野

甲信越でよく使われる方言だが、長野のソウルフードならぬソウル方言といってもよいかもしれない。物事に対して労をいとわず取り組む性分、意欲、気力などを総合的に表現した言葉で、共通語には置き換えにくい。

細かなことにまでよく気づいてまめまめしく立ち働くことは「こずく」、大きな仕事はするが細かな仕事が嫌いな気質は「おーずく」と、「ずく」にもいろいろある。怠け者や横着者は「そんなずくなしでどーするだ」と叱られてしまう。

この「ずく」、共通語の「尽くす」から生まれたとも言われている。「力を尽くす」など物事を極めようと一生懸命に行う、「社会に尽くす」など献身的に振る舞う、さらには、「心尽くし」など真心を込める……と、いろいろな使いかたがある。並べてみると、意味も音《おん》の響きも「ずく」につながるような気がしてくる。

長野県が、〝ずくをだして〟取り組んでいる運動が「ずく出し！　知恵出し！　おもてなし」プロジェクト。信州の隅々まで〝おもてなし〟で満たそうという発想のようだ。

〜ずら　長野

幼い頃、長野・松本の祖父が「そうずら」などと言うのを面白おかしく真似《まね》てみたものである。

この「ずら」、「雨降るずら（だろう）」と推量したり、「一緒に行ったんずら（でしょ）」と確認したり、「食べたんずら（じゃないの）」と疑問を投げかけたりと用法は広い。

山梨、静岡も含めた三つ巴《どもえ》でご当地方言の主力の座を狙う。

半世紀前には、ジョージ秋山の漫画『銭ゲバ』で、松本出身の主人公が多用したと思えば、伊豆熱川の温泉旅館が舞台のテレビドラマ『細うで繁盛記』の常套句《じょうとうく》「おみゃーに食わせる飯はねぇずら」が一躍有名に。

近年、長野が「信州諏訪温泉泊覧会ズーラ」で観光誘致に採用すれば、静岡市清水区では広報キャラクターに「シズラ」を起用。山梨も負けじと『妖怪ウォッチ』のキャラクターの口癖や、NHK連続テレビ小説『花子とアン』で「ずら」をはじめとする甲州弁が全国区に。

「ずら」の活躍場面はズラズラ出てくる〝ずら〟。

～ぼっち

長野

そば好きの聖地とも言える長野・戸隠。独特の盛り付けが「ぼっち盛り」。茹で上がったそばを水で洗い、一口分ずつを折り曲げるようにして馬蹄形《ばてい》にざるに盛り付けていく。その小分けにされたまとまりを「ひとぼっち、ふたぼっち」と数えるのだ。一人前は五ぼっちが標準的のようだ。

由来は、わずかな量しかないことを「これっぽっち」という時の「ぽっち」。「千円ぽっちじゃ足りない」のような用法が、「ぼっち」と変化して小分けの量を表す単位になったのかもしれない。あるいは、たったひとりでいることを表す「ひとりぼっち」は「独法師《ひとりほうし》」の変形と言われるが、その「ぼっち」が数を表す単位と捉えられたとも考えられる。

群馬や埼玉でも使われるが、もちろんうどんにも「ぼっち盛り」がある。「ちょっぽ、ちょぼ」などという地域もあるようだ。

自称そば通としては、〝ひとりぼっち〟で黙々と〝七ぼっち〟に挑戦してみたい。

なまかわ

岐阜・愛知

「なまかわせんと働け」と言えば「横着」、「なまかわしとるで遅れてまったにー」と言えば「怠けること」を表し、岐阜や愛知で使われる。「なまか」とも言う。「なまかわ病」は「なまけ癖」のことだ。

「なまかわ」は江戸時代に使用例が見られ、当時の文献には「物ぐさな役人」のことを「なまかわの役人」と呼んでいたとの記述もある。語源は定かでないが、同時期に使われていた類似の語形「なまくら」がかかわっていたかもしれない。「なまくら」は「怠け者」のほか刃物などの切れ味が鈍い様子も表し、今でも岐阜・飛騨地方の「なまか」にはその意味が残っている。

また、「なまあたたかい、なまぬるい」や「なま乾き、なま焼け」などから、「なま」の部分には「少し、ちょっと」や「不十分」との意味を添える働きがあることも、語の成り立ちに関連がありそうだ。

周りから〝なまかわ〟と言われようが気にせずのんびり、そんな〝なまぬるい〟毎日を送ってみたい。

しゃちやく

岐阜

良かれと思ったアドバイスも度を過ぎると「そんなにしゃちやいとらんと」とうるさがられてしまう。「しゃちやく」はお節介を焼いたり余計な口出しをしたりすることを表す。「しゃちをやく」とも言う。

語源は「差し搔《か》く」。「搔く」は、古くは「心の中に収めておいた方がよいものを外に出してしまう」との意味で使われていた。そこに「差し出す、差し置く」などのように、動詞と複合してその意味を強める「差し」が付いて「でしゃばる」という意味になったわけだ。その「さしかく」が「しゃちかく」と変化したことで「世話を焼く」に引っ張られ「しゃちやく」が生まれたのである。愛知、三重などでは元の形に近い「さしがく、しゃちがく」が残っている。

どうしてもお隣の愛知・名古屋城の名物「金のしゃちほこ」が思い浮かんでしまうが全く関係はないのである。

サボり癖のある身にとって「原稿はまだかまだか」と催促されるのは〝しゃちやく〟どころかむしろありがたい。

ためらう
岐阜

「まめかな」「ためらってなあ」。飛騨・高山のお年寄りたちの間ではこんな挨拶が交わされる。小京都と呼ばれる地ならではの古風な雰囲気を醸し出している。出会った時の声掛け「元気ですか」、別れの際の「身体に気をつけてくださいね」といったやり取りだ。電話をかけたり切ったりする時にも使われる定番の挨拶だ。

共通語の「ためらう」は、気持ちがまとまらなくて迷う、つまり躊躇《ちゅうちょ》することを表すが、平安時代には「病気などの苦しい気持ちを落ち着ける」という意味でも使われていた。この意味が広がり、飛騨地方を中心とする岐阜の方言として残ったわけだ。決まり文句としてしばしば使われる「どうぞご自愛ください」に似ている。

ちなみに「まめ」も現代の「労苦をいとわずにあれこれとよく働くさま」のほか、古くは「体が丈夫なさま」も表現していたようだ。

以前見かけたメッセージが「ためらっておじゃれ」。発信元は白川郷観光協会。訪れる人たちに向けた気遣いの表現であるが、行くかどうしようか迷ってしまいそうである。

アメーラ

静岡

馴染みの寿司《すし》屋で供されるシメの一品が、「アメーラトマト」を使った洋風デザート。これがまた絶品、店主がパティシエに見えてしまうほどの出来栄えだ。

このトマト、スーパーなどの店頭にカタカナ表記で並んでいると外国産かと思われがちだが、れっきとした国産、静岡県で開発された品種だ。トマトは野菜か果物か、の議論を白熱させるほどの甘みがあり、名前も、「甘いだろう」にあたる方言「甘いら」に由来する。本来「〜だろう」は、見通しを説明する言葉だが、「甘いだろう?」と問いかければ、相手が「甘い」と思うかどうか確かめる意味になる。「甘いら」も同様で、「甘いでしょう?」と問う感覚だ。

静岡では、地域や世代によって「ずら」や「だら」も似たような意味で使われる。中でも「ずら」は、北原白秋作詞の民謡「ちゃっきりぶし」にも繰り返し登場する。昭和初期には静岡を代表する方言のひとつであったようだ。

さて、流行のフレーズを真似ると、「このトマトいつ食べるか?」「今だら〜!」。

ぐれる

静岡

「ぐれた！」と言っても突然不良になったわけではない。静岡の中部から東部を中心に使われる方言で「捻挫した」という意味だ。県内には「足をぐらした！」と言う地域もある。

この「ぐれる」、江戸時代からいろいろな意味で使われているが、基本的な意味は「ずれる」、あるいは「曲がる」だと思われる。現代の「不良になる」という意味も江戸時代後期から登場するが、生活態度が常識からずれてくるということだろう。そう考えると、捻挫も、手や足の関節に無理な力が加わって〝曲がる〟ことが原因になっている。

ただ、「ぐれる」が「転倒する」ことを表したと記された文献もあることから、転んだ結果として生じる「捻挫」の意味が方言の世界で広がったのかもしれない。

また、「ぐれる」には「約束を変える」「心が乱れる」「食い違う」など「ずれる」から派生した用法が全国各地に散らばっており、ずれ方も実に様々だ。

いずれにせよ、生き方が〝ぐれる〟のは困るが、手や足が〝ぐれる〟くらいならまだましなのかもしれない。

ごせっぽい

静岡

静岡を代表する方言のひとつとされるが、焼津市など県の中部を中心に使われることが多い。「ごせっぺー」とも言う。面倒な仕事が片付いた時や上司が出張で不在の時など、わずらわしさや圧迫された環境から解放された、すがすがしさやせいせいした気分を表現したい時によく使われる。「天気悪いんでごせっぽくねー」と言えばすっきりしない気分だ。

語源は定かでないが、かつて徳川家康が駿府城で過ごした時期に、その広々として落ち着ける環境を気に入って発した言葉「御所《ごしょ》っぽい」に由来するとも言われる。いかにも気候温暖で居心地の良い土地柄ならではの逸話だ。

江戸時代の国語辞書『俚言集覧《りげんしゅうらん》』の増補版には「ごせっぽい　駿河にて清潔をいふ」とあり、以前から静岡の方言として意識されていた。その〝清潔さ〟がすがすがしい気分や居心地の良い安楽さへと意味を広げていったようだ。

一気にひと月分の原稿を書き上げて〝ごせっぽい〟といきたいところだ。

ちんぷりかえる

静岡

静岡・遠州地方出身の若手女優がドラマの制作発表会見でポロリとこぼして話題になった方言。顔の表情や言動などで不満をあらわにすることを言う。共通語の「すねる、むくれる、ふてくされる」などに当たる。

語源は定かでないが「ちんぷりをかく」や「ちんぷりかく」とも言うことから、「ちんぷり」と「かえる」に分解することができそうだ。「かえる」は「静まりかえる、煮えくりかえる」などのように、「すっかりその状態になる」ことを表す。

となると、「ちんぷり」が意味の主要な部分を担い、「怒り」や「不満」を表しているようだ。共通語で、怒って機嫌の悪い様子を表現する時の「ぷりぷり」とつながるところがあるかもしれない。語感からは怒っているというよりむしろかわいさが感じられる。

確かに、小さな子供がむくれている様子はどこか愛嬌《あいきょう》があるが、いい歳をしたオジサンが〝ちんぷりかえる〟様子は想像したくない。

ばっか

静岡

数年前のことである。静岡県内を移動中のバスに乗り合わせた女子高生たちが「帰るばっかにするって方言かな」などと言いながらはしゃいでいるのが耳に入ってきた。

確かに「あなた嘘《うそ》ばっかね」「静かなばっかで周りに何もない」「笑ってばっかいる」などは、共通語でも使われるようだが、「帰るばっか」「寝るばっか」のような「動詞終止形＋ばっか」はあまり馴染みがない。「準備してもう行くばっかにしときなよ」と言えば「行くだけの状態にしておくように」という意味だ。

かつて地元ローカル局の番組内で方言を紹介していたコーナーのタイトル『ちーっとばっか静岡弁』も方言的な用法だ。静岡の「ばっか」は用法が拡大しているようだ。

この「ばっか」、「ばかり」のくだけた言い方で、江戸時代頃に会話で用いられる俗語として登場する。歴史は意外と古いのである。

桜の季節、仲間たちと〝バカばっか〟言い合いながら花見酒と行きたいところである。

らんごく

愛知・静岡

「らんごくない」「らんごかない」とも言う。愛知の三河地方から静岡の中・西部で使われる方言だが、静岡に近い長野の一部でも使われる。「部屋がらんごくでしょんない」のように「乱雑な」という意味で使われることが多い。だが、「乱暴な」という古い用法も一部で残っており、方言を用いた自動車用ステッカー「子供乗せとるもんでらんごくな運転はしんに（しませんよ）！」が密《ひそ》かな人気らしい。

国語辞典によれば、「らんごく」は、「らっぴらんごく」を略した言葉で、「らんぴらんがい（乱飛乱外）に同じ」とある。表記から連想できるように、もとは、入り乱れて飛び交う様子、あちこちと動き回る様子を言い表す言葉だったようだ。

江戸時代の俳諧や洒落《しゃれ》本では、同じ意味で「らっぴらくがい、らっぴらんげき、らっぴらんちき」などと言い替えたり、蛍の飛び交う様子に「乱火乱外」という字を当てたり、と言葉遊び的な用法も見られる。

かつて小藩がひしめいていた三河地方で使われることから「乱国」と意識している地元民も少なくない。

つる　愛知

放課後の教室。「机をつって！」の号令とともに掃除が始まる。愛知の学校で見られる日常の光景だ。教室に貼られた当番表には、「ほうき係」「ぞうきん係」に加えて、時には「机つり係」もあるという。

共通語の「つる」は、「魚を釣る」「ハンモックを吊る」など、上下一方向の動きを表すことが多い。特に、「上からぶら下げる」意味は古く、平安時代から使用例が見られる。

ところが、愛知や岐阜、三重の一部で使われる「つる」は「持ち上げて運ぶ」という一連の動作を表す。ゲームセンターなどにあるクレーンゲームの動きが目に浮かんでくる。

もともとは二人で行う動作を表していたが、次第に一人で「持って運ぶ」場合にも使われるように用法が広がってきたようだ。決して机が軽量化されたからというわけでもなかろうが。

重い机を一人で〝つって〟、足が〝つって〟しまわないように気をつけたいものだ。

ときんときん

愛知

鉛筆の芯の先が鋭く尖《とが》った状態に削られている様子を表現する。愛知を中心に岐阜の南部でも使われるが、「ときとき」「とっきんとっきん」など様々な言い方がある。鋭さの程度で使い分けているという人もいる。

ただ、尖っているものならなんでも〝ときんときん〟というわけでもないらしい。〝削って〟尖らせるという点が重要なようだ。となると、「研ぐ」という動詞に由来するとの語源説も真実味を帯びてくる。

もちろん東京でも尖った鉛筆は使うが、共通語にはこうした状態を表現する言い方が見当たらない。しかし「ときんときん」と言われるとなんとなく尖っている様子が頭に浮かんでくるから不思議だ。この「ときんときん」は擬態語で、物事の状態や様子などを感覚的に音声化して表現している。その感覚は全国共通だが具体的な表現の仕方が地域特有となる点が面白い。

石川の「けんけん」、福井の「つんつん」、関西の「ぴんぴん」など、よそ者が聞いても、どれも尖っている様子が伝わってくる気がする。

ぱーぱー

愛知

迷子になった子供が父親を捜して叫んでいる様子を思い浮かべるかもしれないがそういう話ではない。愛知で「開けっ放し、開けっ広げ」の様子を表す方言で、「ドアぱーぱーになっとったで」「窓ぱーぱーに開いとるがん」「バックぱーぱーだよ」などと使う。方言であることに気づいていない人も多い。だらしないお父さんは「パパ、ズボンのチャックぱーぱー」と笑われてしまうかもしれない。

ファンファーレの口真似のようだが、「ぱーぱかぱー」という言い方もあるらしい。ところで、似ている言葉だが「車ばーばー走っとる」となると意味が違ってくる。アクセルふかしながらということではなく、「ばーばー」は「たくさん」という意味だ。ただ、駐車場に大量に駐めてある時には使えないからややこしい。たくさんのものが動く様子を表すようで、「川の水ばーばー流れとる」「雨ばーばー降っとる」といった具合だ。

忘年会帰りの電車内で〝口ぱーぱー〟のまま眠り込んでしまわないように気をつけたいものだ。

まわし

愛知

先日、名古屋に転勤した教え子から、「営業会議のまわしをよろしくお願いします」との社内メールが回ってきてびっくりした、と連絡が入った。この「まわし」は「準備、支度」という意味で、「早《は》よ、まわししな」のように「する」とともに使うことが多い。

もともと「まわし」は、「金銭のやりくり」を意味する言葉だった。一七世紀初めの資料には、「利益を見込んで、よい時期に物を買う術《すべ》を知っている商人」を「まわしのよい人」と表現したとの記述がある。岐阜北部にはこの古い用法が残っているが、次第に岐阜・愛知で準備全般を指すように意味が広がっていった。

一方、共通語では、事前に手くばりする「手回し」、樹木の植え替えに際し、根の周囲を切り詰める「根回し」などの慣用表現に「準備」の意味合いがみられる。「根回し」はさらに交渉ごとの下工作の意味へと拡大していく。ちなみに奈良では、「早よ、まわりしいやぁ！」のように、「まわりする」と言っている。

岐阜や愛知では相撲取りでなくても〝まわし〟をするのである。

あやまち

北陸

北陸地方の接骨院の診療案内を見ると、「あやまち」と書かれているところが多い。捻挫、打撲、骨折、脱臼などの外傷を表す方言だ。したがって、接骨院は「あやまち医者」。「痛い」と「町医者」を結び付けて「いたまち医者」と呼ぶところもある。

「けが」の意味では鎌倉時代から使われていて、『平家物語』には勇猛果敢な武者が「近う寄ってあやまちすな」と言いながら敵方の軍勢を迎え撃つ場面が出てくる。「近寄ってけがするな」と相手を威嚇しているわけだ。

実は、「あやまち」の用法としては「知らずに犯した間違い」「失敗」など、現代の共通語の意味の方が古く、奈良時代にはすでに使われていた。何らかの失敗によって怪我《けが》を生じるという発想から意味が広がっていったようだ。

江戸時代に刊行された辞書に、「過　信濃及常陸にて怪《け》我《が》を云《いう》」とあることから、かつては使用地域が広かったことがうかがえる。

地元のお年寄りたちが、「駅前のあやまちいしゃが……」と話していても、決して「過ち医者＝ヤブ医者」を話題にしているわけではないのである。

近畿

三重
滋賀
京都
大阪
兵庫
奈良
和歌山

かんぴんたん

三重

真夏の太陽が照りつける路上で見かける「カエルのかんぴんたん」。車にひかれてプレスされたミイラ状のカエルの状態を三重県ではこう表現する。傷が治りかけて乾燥したかさぶたや、干からびてパリパリになったごはんの状況など、使用範囲は広い。

県内には「かんぴんたん」と看板を掲げた乾物屋もあり、物によってはより干からびた方が高級なものもある。通常の丸干しよりも、さらに干されてカチカチに乾いた状態のさんまの丸干しは「かんぴんたん」と呼ばれ、かめばかむほどに味が出るため食通には大人気だという。

実はこの言葉、江戸時代には「寒貧短」と書き、「素寒貧《すかんぴん》」と同様「無一文」の意味で広く使われていた。財布の中身にせよ、水分にせよ、空っぽになるという共通性が方言の意味を引き出したのかもしれない。

共通語に「かぴかぴ」という俗語があるが、奇《く》しくも音形が似ている点が興味深い。

しかし、こう毎日猛暑が続くと、熱中症どころか〝かんぴんたん〟になってしまいそうである。

ささって　三重

「今日—あした—あさって」、ここまでは誰もが同じだろうが、実はその翌日を表す言い方となるとそうはいかない。共通語で「しあさって」に当たる日を三重や岐阜の一部では「ささって」と言う。

その語源であるが、「さーさって」と言うところもあることから「さ＋あさって」と考えられている。この「さ」には「さ来週、さ来年」のように「その次、その先」の意味を添える働きがある。なお、「ささって」が今日から三日後を指すことから、この「さ」を「三」と解釈し、その翌日を「しあさって」と言うこともあるようだ。共通語の「しあさって」とは日にちがずれてしまってややこしい。

ちなみに、奄美群島や、宮古・八重山諸島では「ゆーか」と言う。「四日」が変化した形で、今日を含めて四日目ということだ。その翌日は「いちか（五日）」と単純明快だ。

いずれにせよ、三日後以降の待ち合わせの約束は注意が必要だ。

～だーこ　三重

数年前、三重・伊賀市内のコンビニでATMを利用した時のこと。「よーおこし」「おーきに。また、来てだーこ」などと方言の音声ガイドが流れてきて驚いたことがある。県内四地域に分け、それぞれ特有の方言を用いて応答の仕方を変えるという徹底ぶりだ。

この「～（て）だーこ」、レジ袋有料化の際には「持ってだぁ～こマイバック」と啓発運動に一役買った。タウン誌『daco（ダーコ）』は「伊賀らしさ感じてだーこ」と魅力的な観光情報を発信する。ご当地アピールに欠かせない言い回しだ。

由来は敬語表現の「いただく」。「～してもらおう」と相手に働きかける「～ていただこう」が「～てだーこ」と変化し、「～てください」と丁寧に依頼する意味が生まれたわけだ。確かに、「食べていただこう」と思って作った手料理は「食べてください」と勧めたくなる。

この時期、風邪などひかぬよう〝気をつけてだーこ〟。

はざん　三重

二〇一六年主要国首脳会議の開催地、志摩市を中心とした南伊勢地方で使われる方言。「はよ寝やんとはざん」「それしたらはざん」などと用い、共通語の「いけない、だめ」に当たる。

「はざわん」とも言うことから、「筈《はず》合わん」が縮まって生じたとも言われている。「筈」は、奈良時代から使われている弓の部分名称。矢の端にある弓の弦をかける部分が矢筈で、弦がうまく合わないことを「筈が合わぬ」と言った。江戸時代になると「調子が合わない、予想や見込みがはずれる」などの比喩的な用法も生まれ、これが物事全体を打ち消す意味へと広がり、方言に残ったようだ。

実は、共通語の世界でも、「あの店はきっと美味《おい》しいはずだ」「手はずを整える」など、古語の「筈」から派生した用法が活躍している。

ところで、この「はざん」、近年は、同じ用法の関西方言「あかん」の勢いに押され気味で、どうも〝はざん〟ようだ。

にごはち

滋賀

「にごはちな仕事やな」。仕事ぶりを褒められているわけではない。滋賀では「中途半端、いい加減」の意味で使われる方言である。

語源は掛け算の九九に由来するらしい。つまり、「二×五」が、「にご、じゅう」ではなく「にご、はち」。「まあまあ、だいたい」というわけだ。なるほどかなり大ざっぱな話だ。

ところで、東近江市で開かれる『二五八祭』は、いい加減な祭りではなく、五万人を集める大イベントだ。その昔、二・五・八の付く日に市が開かれていたのが由来で、開催地の旧名が八日市で八の付く日に市が開かれていたらしい。近隣に二日のところや、五日のところがあったかもしれず、そんなところから「にごはち」という方言が生まれた可能性もある。

ややこしいのは、大分の「にごじゅう」。「そげんこた、にごじゅうじゃ」と言われたら、「当たり前」の意味だ。九九の計算通りである。そこから転じて、「簡単、単純」「完敗、お手上げ」の意味が生まれているようだ。

いずれにせよ、「二×五」の掛け算が地域で異なるわけではない。

ほっこり

京都・滋賀

「町家でほっこりした時間を過ごす」、京都のガイドブックでしばしば目にする表現である。最近は心和ませる方言として、この「のんびり、ほっとする」の意味で使われることが多いが、実は「ほっこり」には、全く逆の「疲れる」という意味もあるのだ。どうしようもない失敗を繰り返す相手に向かって「あーあ、ほっこりしてまうわ」と言えば、精神的な疲れ、つまり「うんざり」ということだ。

この「うんざりしたり、困り果てたりするさま」を表す用法は江戸時代から見られるが、同時に「気分が晴れたり、すっきりとしたさま」や「いかにも暖かそうなさま」なども表し、当時から肯定的な意味と否定的な意味が共存していたのである。

癒やしを求める現代には、「ほっこり」の柔らかい響きと「ほっと一息」という意味との結びつきがマッチしたのかもしれない。

仕事が続いて〝ほっこり〟したら、温泉で〝ほっこり〟したいものである。

温泉はほっこりだが
上司と入るのはほっこりだ

けったいな

京都・大阪

四〇年ほど前の人気ドラマ『けったいな人びと』。大阪の庶民の哀歓を笑いとともに描いた作品である。その当時は、聞きなれない言葉だけに他地域の人はそれこそけったいなタイトルだと思っただろう。つまり「けったいな」は、「奇妙な、変な」という意味で、京都、大阪を中心に関西で使われる方言。「けったいな奴っちゃなあ」と言われたら、変わり者だと見られたわけだ。

語源は、「世にもまれなこと」「奇妙なさま」を意味する「希代《きたい》」や「卦体《けたい》」が変化したものだと言われている。文献によれば、明治時代に活躍した東京育ちの落語家や小説家が「けたいな話」「けったいな雲」などの表現を用いており、少なくとも当時は共通語と認識されていたことがうかがえる。

なお、「けたいな」は江戸時代には「いまいましいさま」も表し、「けたいが悪い」という表現もあった。それが現代の「けったくそ悪い」との言い回しにつながっているわけだ。

俗に言われるように、天才と変人は紙一重だとすれば、〝けったいな〟奴《やつ》ほど将来大物になるかもしれない。

おーきに

京都

京都を訪れると必ず立ち寄る店がある。十数年来変わらぬ顔ぶれが迎えてくれるとホッとする。先日その店の主《あるじ》に好きな京都弁はと尋ねてみた。すかさず返ってきた言葉が「おーきに」。関西地方で定番の方言とは意外であった。理由は、毎日心を込めて使っているので体に染みついてしまっているからだという。豊かな現代社会において、ともすれば忘れられがちな感謝の気持ちの大切さを再認識させられたような気がする。

ところで、「おーきに」の元の形は「大きなり」だが、平安時代から「おほきに腹立つ」「おほきにおどろきて」のように、程度のはなはだしい様子を表す例が多く見られる。「とても」や「非常に」に当たる用法だ。つまり、「おーきにありがとう」の後半を省いてしまったわけだが、「とても」に当たる部分だけで、感謝の意味を表している点が面白い。「毎度ありがとう」の「まいど」が関西定番の挨拶として使われているのと似ている。

それにしても、京都を訪れ、店主の〝おーきに〟を聞くたびに心が癒やされる。

はばかりさん

京都

「はばかり、手洗い、洗面所、化粧室、御不浄……」など、トイレを遠回しに表現する言葉は多い。京都で使われる「はばかりさん」、ついつい丁寧語の「おトイレ」に当たるのかと誤解してしまいそうだ。

実は、相手に世話になった時、「えらいはばかりさんどしたなー」などと声をかけるのである。「ご苦労さん、お世話様」との感謝の気持ちを込めた挨拶表現だ。

「世間体をはばかる」と言うように、「気がねする。遠慮する」意味を表す「はばかる」と「様」の組み合わせで、江戸時代頃から使われていたようだ。ちょっとした物事を頼むのに、差し障りをおぼえてためらう気持ちが生み出した挨拶なのかもしれない。

「人目をはばかる所」ということで「トイレ」を「はばかり」と呼ぶようになったが、そのイメージが強いと、いくら労をねぎらうとはいえ、人に向かって〝はばかりさん〟と声をかけるのは、はばかられてしまいそうだ。

ひろうす

京都

京都の鴨川沿いにたたずむ一〇〇年以上続く老舗のおでん屋。「これ、なんだろうね」と、壁面に並ぶ木札のメニューを眺めながら、観光客らしき夫婦が首を傾《かし》げている。そこに書かれていたおでん種は「飛竜頭」。アニメに登場するモンスターのような語感だが、「ひりゅうず」「ひろうす」などと読み、「がんもどき」の呼び名である。関東でも懐石料理の店などでは使われる名称だが、関西ではスーパーの店頭に堂々と「飛竜頭」が並ぶ。

由来は、ポルトガル語の「もち米とうるち米をこねて油で揚げた菓子」を意味する「フィリョス」に漢字を当てたという説が有力だ。

そもそも「がんもどき」は、「雁擬き」と字を当てて表記することもあるように、もともと精進料理で雁の肉の代用品として食されたものだ。砕いた豆腐と野菜を混ぜ合わせ、鶏卵大に丸めて油で揚げて作る。形の類似した南蛮菓子の名称を採用したらしい。

それにしても、池波正太郎も愛した名店で熱かんを傾け、味に加えて方言まで楽しめるとは、何とも心地よい。

むしやしない　京都

京都の茶寮やカフェで時折見かける「むしやしない」。最近話題の「昆虫食」のことかと戸惑うが、実は、「軽食、間食」のことを指す。

古くから腹の中には虫がいると言われていて、その虫に食べ物を与えることを「虫養い」と言った。室町時代になると、「空腹を一時的にしのぐための軽食」の意味が登場し、後に「むしおさえ」という表現も生まれるが、古都・京都では虫を抑えつけるのではなく共存の道を選んだというわけだ。

ちなみに、お腹《なか》がすいた時に「お腹が鳴る」のは、空腹になるとその虫が鳴くという発想。「腹の虫がおさまらない」という表現も、その虫によって怒りの感情が引き起こされるということだ。とにかく、腹の虫は鳴いたり怒ったりと忙しい。

ところで、室町時代の文献には「むしやしない」として酒のつまみを提供したとの記述もある。オヤジの腹の虫を養うには間食よりも酒肴《しゅこう》が有効かもしれない。

〜よし

京都

京都では、目下や同等の相手に行動を促す際に「はよ行きよし」「ぎょーさん食べよし」などと言うことがある。軽い命令を示す言い回しで、関西で広く使われるが、和歌山では「行きよしよ」「食べよしよ」のような口調で言うこともあるようだ。

共通語の「早くお行き、早くお食べ」に当たる柔らかな語感で、「ほら、見よし」と言えば「見てごらん」といったニュアンスだ。

この「〜よし」の由来であるが、家族で出かける際にぐずぐずしていると母親に「とっととおし！」と促された経験があるだろう。この「する」に当たる「おし」が独立し、文末に付いて命令の意味を添えるようになったのである。したがって元は「行きおし、寝おし」などと言っていたが次第に「〜よし」に変化したのである。

京都出身の学生に〝よし、このテーマでしよし！〟と使ってみたら、つまらないダジャレだと一笑に付されてしまった。

ぐいち

大阪・奈良

掛け違った服のボタンを指さし、「ぐいちやで」と言うように、「ちぐはぐ、互い違い」の意味を表す方言。折り紙の際に「ぐいちに折り返してね」といった使い方もある。使用地域は、大阪、奈良を中心に関西に点在する。

この「ぐいち」は、一七世紀初頭にイエズス会の宣教師が編纂《へんさん》した『日葡辞書《にっぽ》』にも載録されており、「賽《さい》の目の五と一」と記されている。つまり、サイコロの目「五一（ごいち）」が変化して生まれた言葉だということだ。

サイコロの目は向かい合った面を足すと七になるように対になっているが、五と一では対を成さない。そこから「食い違っている」との意味が生じたという語源説が有力だ。

実は、部材を重ねた時のズレや段差を示す製造業の用語としても使われている。穴の開いた二枚の板にボルトを通そうとした際に穴がずれてしまっていた場合などだ。古語が方言だけでなく専門用語の中でも生き続けているのだ。

先日、東北の知人から電話があり、方言でまくしたてられたので生返事で応じていたら、話が〝ぐいち〟で大失敗をしてしまった。

いちびる　大阪

大阪を中心に関西で広く、調子に乗ってはしゃぐことを「いちびる」と言う。そのように図に乗る輩《やから》は「いちびり」と呼ばれる。

語源説はいくつかあるが、「いち＋ぶる」の変形と考えるのが妥当と思われる。「ぶる」は共通語では「学者ぶる、偉ぶる」のように接尾語として使われるが、江戸時代後期の『新撰大阪詞大全《しんせんおおさかことばたいぜん》』に「ぶるとはかしこぶること」とあるように、大阪では、「ぶる」単独の用法があった。この「ぶる」に「いち早く」などと同じ強調の「いち」を添えたのが「いちびる」だ。

大阪生まれの上田秋成が書いた『伊勢物語』のパロディーともいわれる『癇癖談《くせものがたり》』には「むかし人は、かくいちびりたる我がしこをなむ、りきみあひける」との一節がある。ここでは、「自分にできもしない事であるのに力んでする」と解釈されているが、後に「調子に乗ってふざける」意味へと広がったようだ。

語源はともあれノリの良さにつながる言葉だ。ただ、〝お笑いの本場〟大阪とは言え、度を過ぎたツッコミには「われ、いちびんなや」と返されそうだ。

いらち

大阪

電車の扉が開くと同時に列を崩していっせいに車内へなだれ込む、横断歩道でそわそわしていると思えば信号機が青に変わるのを待ち切れずに渡りだす、のんびり歩いているとどんどん追い越されていく……。大阪で良く見かける光景だ。

「いらち」は、こんなせかせかして落ち着きのない様子を表す。共通語の「せっかち」に近い。「いらち」という言葉そのものは京都や周辺地域でも使われるが、特に大阪人の気質を一言で表現する際の代表格だ。商人の町として発展しただけに、ぼやぼやしていたら損をするという感覚が背景にあるのかもしれない。

関西でよく見かける、待ち時間が表示されるカウントダウン式の信号機も、この〝いらち気質〟から生まれたとの話も真実味を帯びてくる。

語源は、「あせってじりじりする。いらいらする」という意味の動詞「苛《いら》つ」。江戸時代頃に派生形の「いらち」が生まれたようだ。

上方落語の演目に「いらちの愛宕詣《あたごまい》り」があるが、笑いのネタになる〝いらち〟は逆にゆったりした気分にさせてくれる。

さらす　大阪

「何さらしとんねん」。極めて乱暴な言い方として大阪が舞台の映画やドラマの中で耳にすることがある。使用地域は他の関西圏や、周辺の北陸、中国・四国まで広がっているが、実際の日常会話で使う機会はあまり多くないようである。

この「さらす」、他人が「する」ことを卑しめて言ったり、ののしって言う時に使う。また、「死にさらせ」などのように、動詞と組み合わせれば相手をさげすんだ言い方になる。共通語で言えば「死にやがれ」といったところだ。

歴史的に見ると、江戸時代に大阪で上演された上方歌舞伎の台詞《せりふ》の中で使われており、当時から大阪弁の俗語と意識されていたようだ。なお、江戸時代には類似の表現として「居る、有る、行く、言う」などを卑しめて言う「けつかる」が使われており、「さらす」より乱暴な言い方とされる。

「なんぬかしさらしてけつかるねん！」と言うと乱暴さもＭＡＸに達するのである。

いてる　兵庫

「凍《い》てつくような寒さ」。凍り付くほど寒い状況の表現としては共通語の世界でもお馴染《なじ》みかもしれない。ところが兵庫では「道がいてる」のように、「いてる」が「冷えて凍る」の意味で使われ、この用法は近畿の北部にも広がっている。

この「いてる」は平安時代末期の和歌に使われており、古《いにしえ》の京の都で使われていた言葉が一〇〇〇年近くも近畿圏に残っていることになる。また、「付く」が「ある定まった状態になる」ことを表すことから、後には「凍てつく」が凍った状態を表す表現として登場し、現代でも使われているのである。

ちなみに、「しばれる」が北海道・東北で「非常に寒い、冷える」意味を表す方言であることは広く知られているが、北海道では「しばれて窓が開かない」のように「凍る」の意味でも使われる。

若い頃に旅の車中で食べた冷凍ミカンも〝しばれたミカン〟であり、〝いてたミカン〟ということか。

おとんぼ

兵庫

他県の出身者と話していると方言で誤解を生じることも多いが、それがまた貴重なネタの宝庫なのである。先日も、赤トンボを見かけなくなったことを話題にしている時、「そう言えばおトンボが……」と言い出す知人に、兵庫ではトンボも偉くなったものだと思わずツッコミを入れてしまったことがある。

実は「おとんぼ」は「末っ子」のことで、関西や中国四国の一部で使われる方言なのである。

由来は「おと（弟）＋坊」。「おと」は奈良時代から使われる古語で、男女にかかわらず年下の兄弟を表していた。室町以降に特に「末子」を指すことが多くなったという。そこに「赤ん坊」などの「坊」が付いたものだ。

ところで、「極楽とんぼ」と言うように、「とんぼ」には「気楽で何もしない人」の意味がある。ならば、のんき者が多いと言われる末っ子を「お気楽な末っ子＝おとんぼう」と呼んだとの珍説を思い付き、悦に入ってしまった。

べっちょない　兵庫

播磨地方や淡路島を中心に使われる方言で、「心配ない、大丈夫だ」という意味を表す。「べっちゃない」とも言う。JR姫路駅地下通路では、ほぼ毎月『播磨べっちょない市』が開催され、手作りのアクセサリーや小物が並び賑《にぎ》わっている。県立図書館では、播磨ゆかりの戦国武将、黒田官兵衛ら歴史上の人物が各地方の方言で話すオリジナルの講談絵本『カンベッチョナイものがたり』を製作するなど地域一押しの方言だ。

また、淡路島の北淡震災記念公園には、鎮魂の碑『べっちゃないロック』がある。被災者たちが、周囲からの「べっちゃない、べっちゃない」という声に励まされ、勇気が湧いてきたと聞く。

「べっちょない」の元の形は、「命には別条ない」などの表現でよく使われる「別条ない」だと言われている。話し言葉の中で使われているうちに形が変わっていったようだが、やさしさや温かみを感じさせられる響きだ。

忘年会シーズン。〝べっちょない、べっちょない〟と自ら言い聞かせながら深酒に勤《いそ》しむ諸氏も多いのではなかろうか。

しるい

奈良

先日もらった〝方言土産〟。各地の方言が記された手拭いに、奈良の代表として「道がぬかるんでどろどろした状態」を表す「しるい」が載っていた。実はこの「しるい」、「じるい、じゅるい」などの語形もあり、中部以西で広く使われる方言なのである。代表争いも言ったもの勝ちの感があるようだ。

語源は「レモンの汁」などの「汁」に「〜い」が付いたと言われる。江戸時代の方言集『物類称呼《ぶつるいしょうこ》』には「道路のぬかりを、関西にて、しるいと云」とある。ちなみに「ぬかり」は関東の方言だったようだ。

また、ぬかるんでいる状態を「じゅるじゅる」と表す地域もあり、それに引かれたのが「じゅるい」かもしれない。さらに「半熟卵」を「はんじく」と発音するように「じゅるい→じるい」となった可能性もある。

個人的にはぬかるみにはまった感覚は〝しるい〟よりも、〝じゅるじゅる〟がピッタリなのだが。

なかなか

奈良

カジュアルな場面で「ありがとう」とお礼を言われた時、何と言って返したらいいか迷うことがある。「どういたしまして」は堅苦しい感じがするし、「いえいえ」では相手の気持ちを打ち消しているようで落ち着かない。その点、方言の表現は簡潔で使い勝手の良さそうなものが多い。使いやすそうでうらやましい。

奈良の「なかなか」もその一つ。共通語では「なかなか面白い」「なかなか解けない」など、後に続く状態や行動の程度を添えたい時によく使われる。ところが、奈良では、感謝やねぎらいの言葉をかけられた時、「なかなか」一語で返すことができるのだ。

室町時代には、相手の発言を受けて「その通り」と応じる時に使われていたが、奈良では「どういたしまして」の意味に変わっていったようだ。使用地域も和歌山や三重の一部に広がっている。

お礼に対する返答は方言によってニュアンスも様々で、東北北部で「なんも、なんも」と言われると気遣いが感じられて恐縮してしまうが、大阪で「かまへん、かまへん」と返されると上から目線的に思えて萎縮してしまう。

〜しか

和歌山

和歌山出身の友人と出かけた時のことである。食事の店を選ぶ際に「和食しかええんちゃう」と言われ、同行した連中が戸惑ったのを思い出す。

共通語の「〜しか」は、「これしか食べない」「行くしかない」のように否定の形を伴い特定の事柄に絞り込むことを示す。「これ以外は食べない」「行くという行動以外しない」ということだ。

ところが和歌山の「〜しか」は勝手が違う。英語のようだが、「AよりBの方が〜」という比較構文の基本形が「AよりBしか〜」となる。そこから、「こっちしかええ」「酒しかうまい」「バスしか安い」のような言い回しが生まれる。つまり「〜しか」は「〜の方」に当たるのだ。

一方、逆の捉え方になる所もあるからややこしい。例えば、肉と魚のどちらがいいかと問われた時、魚の方が良ければ、和歌山なら「魚しかええ」だが、京都の一部などでは「肉しかええ」となる。こちらは「肉よりかは良い」という意味に当たるようだ。

こうなってくると、〝方言より英語しか簡単だ〟という気がしてくる。

つれもて

和歌山

県内の国道などでよく見かける交通安全標語「つれもてしよら　シートベルト！」。「いっしょにやろう」との注意喚起だ。

この「つれもて」、もともと「学校までつれもていこ」のように「連れだって」の意味で使われていたが、次第に「いっしょに」行うことを広く表すようになり、「つれもて飲もら」はビールの宣伝、「つれもていこら」はがん検診の推奨と、様々な呼びかけの場面で活躍している。

「つれもて」の「もて」は二つの動作が同時に行われる意を表す「もって」で、「仕事しもって聞く」「泣きもーて帰る」「食いもて歩く」など様々な形で西日本を中心に広く使われる。共通語の「ながら」に当たる用法だ。

江戸時代後期の滑稽本『東海道中膝栗毛』の中でも、大阪・天王寺の人物の台詞に現れることから、関西では古くから使われているようだ。

ご当地向けに「つれもて読もう、方言探偵団！」というキャッチコピーはどうだろうか。

つむ

和歌山

和歌山で「道えらいつんどるなー」と言えば、「渋滞している」、「この店いつもつんどる」と言ったら「混み合っている」という意味に当たる。隣接する三重や奈良の一部でも使われるようだ。

将棋で、王将が他の駒に囲まれて逃げ道が完全になくなった状態を表す「詰む」の用法が広がったものだ。確かに、盤上の王将の周りは混み合っているように見える。「木目の詰んだ天井板」「目の詰んだ編み物」などと言うように、「詰む」には「密ですき間がなくなる」という意味もある。道路上に車が長い列を作っている様子を指すのもうなずける。ただし、渋滞しながらノロノロ進んでいるというよりは、混雑で流れがつかえ、動きが止まっている状況を表現するのに適しているようだ。

東京都が主導しているキャンペーン「時差Ｂｉｚ」は、「満員電車ゼロ」を目指して時差通勤を呼び掛ける取り組みだが、〝つんでいる〟状況がどのくらい緩和されたものだろうか。

のとろ

和歌山

和歌山出身の学生から送られてきたＬＩＮＥスタンプ「のとろくん」。ジブリ映画のキャラクターかと思いきや和歌山・御坊の方言スタンプだと言う。

どうも「のろい」様子をイメージしそうな語感だが、「このミカン、のとろ旨いな」と言えば「とても」、「梅干しのとろもろた」と言えば「たくさん」の意味に当たる。「のとろ腹減った」は「やたら」だ。いずれにせよ程度のはなはだしさを広く表す。

古くから使われている言葉で、「のとろに」の形が江戸時代から使用例が見られ、「度を過ぎているさま」や「際限のないさま」を表していた。「あたり一面に」という意味も表し、その用法は島根の一部に方言として残る。

また、「のっとろ、のとろ、のとろくさい」などの形で、高知でもよく使われるようで、黒潮の流れとの関連を想起させ興味深い。

歳のせいにはしたくないが、最近、物忘れが〝のとろ〟ひどくなり頭の働きもとろくなってきたような気がする。

もじける

和歌山

「このパソコンもじけちゃーんのか？」。和歌山で聞かれる表現である。この「もじける」、用法としては共通語の「壊れる」に対応している。語感からするとどこか一部分が取れたり欠けたりして元の形が崩れたように思えるが、機械類が故障して平常に作動しなくなった時にも使う。

田辺市の街中にある築一〇〇年の古民家アトリエ『もじけハウス』。〝芸術の枠を壊す〟との思いを込め、人々とアートとの関わりを情緒豊かな地域から発信している。

一七世紀初頭に刊行された宣教師が編纂したポルトガル語の『日葡辞書』には、「物がよじれて取れる、あるいは、抜ける」と記されている。この意味が〝破壊〟を連想させ、方言として残ったようだ。ただ、千葉では果物を枝からもぎ取る時に「柿をもじく」のように言い、古語の用法をそのまま残している。

ちなみに、新潟で「この子もじけてるわ」と言っても人格が壊れてしまったわけではない。〝もじもじ〟する様子が重なり、「人見知りをする」との意味を生み出したようだ。

やにこい

和歌山

和歌山・田辺エリアの情報発信番組『やにこいラジオ昼いちばん！』、南高梅発祥の地と言われるみなべ町で開催されるイベント「やにこい種とばし」と存在感を発揮している方言「やにこい」。「やにっこー」とも言い、「ものすごい」と強調する時に使われる。

由来は樹皮から分泌する粘液を指す「やに」。「松やに」がお馴染みかもしれない。「油っこい」のように「〜こい」が付くことで「やに」の特性を強く感じさせる「粘りけが多い」の意味が生まれた。ちなみに「やんちゃ坊主」の「やんちゃ」は松やにが粘って扱いにくいことにたとえた「やにちゃ」が元だ。それにしても「やに」の粘り気は相当なもののようで、方言の世界で「ものすごい」の意味を生み出したのかもしれない。

なお、「やに」の特性から「柔らかい、強情、ひねくれている」などと意味を広げ各地の方言に残っている。

ネタに行き詰まった時は〝やにこい〟酸味の梅干しが頭をスッキリさせてくれるかも。

あかん

関西

「そらあかんわ」「はよせなあかん」。テレビなどを通して耳にすることの多い関西弁「あかん」。否定したり、禁じたり、断ったり……と、万能な方言だ。

由来は「事態がなかなか進展しない」ことを表す「埒《らち》が明かない」を略した「あかない」。打ち消しの「〜ない」は西日本で「〜ん」となるため「あかん」というわけだ。

「いかん」は厳しいダメ出しなのに対し、「あかん」は軽くたしなめるニュアンスだという。「そんなことしたらあかんで」と言われると、ちょっとくらいならやってもいいのかと気がゆるみそうだ。

「甘ったれ」など、ののしる意味を添える「〜たれ」が付いた「あかんたれ」は救いようのないダメ人間というよりは、放っておけない〝困ったちゃん〟といったところだ。

以前見かけた大阪府警の痴漢防止ポスター「チカンアカン」。さすが関西、防犯にもお笑いのセンスを活《い》かさな〝あかん〟ということか。

あんじょー

関西

『あんじょうやりや』。京都育ちのジュリーこと沢田研二のシングル曲のタイトルである。歌詞には「笑えへん」「いつもとちゃう」「本気やん」など関西弁が満載だ。

「あんじょー」は「うまい具合に、上手に、丁寧に」などの意味で京都・大阪を中心に関西で広く使われる。関西弁を聞きなれていないせいか、「おまえら、あんじょーやりや」と言われると脅されているような気がしてしまうが、「うまくやりなさい」と励まされているのである。

由来は味覚を表す「味良し」が、「あじよく→あじよう→あんじょー」と変化して生まれ、江戸時代の滑稽本でも使われる。「塩梅《あんばい》、うまい」などと同様、味の表現から行為や物事の進展の巧みさを表すように意味が広がったとされる。兵庫・播磨地方では「具合よく」から変化した「がいようして」が同じ意味で使われる。

ちなみに、漫才師のオール巨人も同名曲を出しており、〝あんじょー〟愛されている方言のようだ。

いけず

関西

「ウゥ〜ン、いけずゥ！」。人気TVアニメの主人公・ちびまる子ちゃんの口癖である。関西圏の代表格とされる方言で、意地の悪い様子を表したり強情な人のことを指したりする。

「いけず」は、江戸時代に「意地悪」の意味で使われていた「いかず」の変形で、それが関西に残ったようだ。おねだりが通用しなかった時やちょっとからかわれた時などに「意地悪！」と返しても、それは決して相手をののしっているわけではない。「いけず」も同じで、親しみを込めて言うこともある。なかなか思いが通じない相手にささやけば甘えたニュアンスさえ感じられる。京美人に「いけずなお人やわ」などと言われたらまんざらでもないという御仁も多いのでは。

ちなみに、まる子ちゃんの出身地は静岡県清水市（現静岡市）という設定。関西弁はテレビの影響らしい。人気お笑い芸人の関西弁を真似《まね》る若者も増えているが、まる子ちゃんも例外ではなさそうだ。

しまつ 関西

「しまつ」と聞くと、「火の不始末、後始末」など、物事の締めくくりや後片付けを連想することが多いが、国語辞書を見ると、「節約、倹約」の意味も記されている。実はこの用法は古く、庶民の生活を描いた江戸時代の文芸作品にはしばしば登場する。「倹約家」を「しまつしゃ」と呼ぶこともあった。ただし、現在では、関西を中心に中部以西の一部でしか使用されていないようだ。

書店の料理本コーナーで目に付く「始末の料理」。NHKの連続テレビ小説『ごちそうさん』にちなんだ料理のレシピ集だ。単に節約のために切り詰めるのではなく、食材を余すことなくきちんと使い切ることが料理の神髄だという。「あんた始末しぃやなぁ」と言っても、いわゆる〝ケチ〟とは違い、無駄なことにお金をかけない堅実さをプラスに評価しているのだ。

上方落語に「始末の極意」なる演目があるが、決してゴルゴ13が登場するというわけではないのである。

しんきくさい

関西

針に糸を通そうとしてもなかなかうまくいかずもどかしいような時など、思わず、「あーしんきくさ！」と叫んでしまう。一つの行動に必要以上の時間がかかってじれったい時などにピッタリの表現だ。気が滅入って落ち込んでいる様子や陰気な性格、暗い顔つきの人物描写まで、使用範囲は広い。

元は室町時代から「心がくさくさして気が重くなること」の意味で使われた「しんき（心気・辛気）」。「憂鬱《ゆううつ》」な状態を「しんきをやむ」と表現したとの記述もある。

江戸時代後期には、大阪の方言として意識され、「じれったい」の意味で使われていたようだ。同時期には「面倒くさい、照れくさい、泥くさい」のように「そのように感ずる」意味を添える「くさい」が付いた「しんきくさい」も登場する。

編集担当者が関西人だったら、コラムのネタがなかなか決まらずにぐずぐずしていると、〝しんきくさい人や〟と怒られてしまうところだ。

ずつない

関西

「食べ過ぎてずつないわー」。お腹が苦しいのである。関西圏や東海、四国の一部を中心に各地で広く使われる。体調の悪さだけでなく、つらい思いやせつない気持ちを表現するところもある。

元の形は「術無し」。「術」つまり「手段、手だて」が無いことで、「なすすべがない」という意味で平安時代には使われていた。「ずつなし、ずちなし」などの言い方もあり、それらも現代の方言に残っている。

江戸時代になると、「気＋術無し」で、「心苦しい、恐縮だ」との意味の「きじゅつない、きずつない」という言い回しも登場する。今でも関西圏の方言に見られ、上方落語で耳にすることもある。

ところで、平安末期の『今昔物語』に、「痛く酔にたり。今は然《さ》は車寄せよ。術無し」との一節を見つけた。酔いつぶれてどうにもならないので車を寄こしてくれということだ。泥酔してタクシーに乗り込む後ろめたさを、日本古来の伝統だと言い訳したくなる。

せんど

関西

「せんどゆーてるのに！」。大阪のお母んが怒っている姿が目に浮かぶ。「何度も何度も、さんざん」注意されているのである。「せんど」は、鎌倉時代の辞書に「千度」と記されており、元は具体的な回数を表していたようだ。やがて「たびたび、たくさん」など漠然と頻度や分量の多さを表すようになり、江戸時代には大阪や京都の方言と意識されていた。

現代でも関西やその周辺に残り、意味の広がりも見られる。時間の経過が多くなれば「せんど待たされた」と「長い間」の意味になり、「せんどまち」という表現も聞かれる。兵庫・播州地方では久しぶりに会った相手と「せんどぶり！」と挨拶を交わす。また、作業などが長く続いて疲れたり飽きたりした時は「せんどする」と言う。滋賀では「今日はおせんどさん！」と労いの言葉を掛け合う。「お疲れさま」ということだ。

それにしても、自粛生活が〝せんど〟続くと〝せんどする〟のである。

ゲームは宿題のあと！って
せんどゆーてるやろっ
まだ
759回めやしーー

ほる

関西

「ゴミほるな！」

「ゴミ掘るな」？　誤解を招く表現だが、関西では「捨てる」ことを「ほる」と言う。中国・四国の一部でも使われる。「ほーる」ということもあるように、語源は「放る」。もともと「放る」は「投げ捨てる」意味でも使われていたが、その「捨てる」の部分が方言として残ったわけだ。江戸時代には関東でも「捨てる」意味で使われていたとの記述もある。関西周辺では「放下」に由来する「ほかす」「ほかる」など類語も豊富だ。

北海道、東北で「投げる」が「捨てる」の意味で使われることを考え合わせると、ゴミ箱がきちんと整備されていない時代、物を捨てるということは、自分のもとよりも遠くに放り投げる動作を表していたのかもしれない。

ところで、スタミナ料理として人気のホルモン焼き。ドイツの医学用語説もあるが、もともと廃棄していた部位を使ったことから「放るもの＝ホルモン」と名付けられたとの関西弁由来説も根強い。由来はともあれ、食材として無駄なく利用でき、そのうえ活力源ともなれば万々歳である。

みずくさい

関西

楽しく会食している席で、いきなり「なんかみずくさいわぁ」と言われたらあまりいい気分ではないだろう。ところが、関西など西日本の一部では、塩気が足りずに味がうすいことを「このみそ汁、みずくさい」などと言う。

実はこの「味がうすい、水っぽい」が「みずくさい」のもともとの意味で、鎌倉時代の仏教説話集である『沙石集《しゃせきしゅう》』に「日来《ひごろ》はちと水くさき酒にてこそ候ひしに」との表現が見られる。「水っぽい酒」という意味だ。現在の共通語では「よそよそしい」に当たる意味で使われるが、これは江戸時代以降に生まれた新しい用法なのだ。

江戸時代末期に刊行された、江戸語と大阪ことばを対照させた『浪花聞書《なにわききがき》』には「水くさい　塩あまき事をもいふ。江戸でいふ水ぽいなり」との記載がある。

古典の中に登場する言葉は、京の都で使われていたいわゆる〝標準語〟だ。政治の中心が江戸に移っても、言葉まではついてこなかったようである。

もみない

関西

食べ物の味が良くない時の表現で、関西を中心に使われる。もともとは「この煮物もみないわ」のように味付けがうすかったりして期待通りの味とは違うことを表していたが、「美味しくない、まずい」と意味が広がったようだ。「もむない、ももない」とも言う。客人に食べ物を提供する際には「もみないもんやけど……」と、挨拶表現のような使い方もする。上方落語の中でもしばしば登場するなど、日常語として多用されていたが、最近は関西でも通用しなくなりつつあるようだ。

語源については「旨《うま》くもない」が変化したとの説もあるが、江戸時代の方言集『物類称呼』には、奈良・吉野の村人がカエルを煮て食べ、そのうまさから「もみ」と名付けたという『日本書紀』の逸話が紹介されている。「もみで無いもの」は「まずい」というわけだ。

いずれにせよ、カエル料理が古の美味であったかどうか知る由もない。

指づめ

関西

かなり昔のことになるが、大阪で電車に乗ると、ドアには必ず「指づめ注意」の注意書きが貼られていた。「指をつめてわびを入れる」というフレーズが頭をよぎり、ぎょっとした覚えがある。共通語の「ズボンの裾をつめる」「着物の丈をつめる」など、「寸法を縮める」意味を連想すると誤解を招いてしまう。

実は関西の「指づめ」は「指をすき間に挟む」という意味で使われる。共通語の「つめる」には多くの意味があるが、そのうちの「物をすき間に入れて、空きのないようにする」という意味が広がったものだ。最近はこの注意書きを電車内で見かけることはなくなったが、先日、京都のホテルの回転扉や浴室の扉で現役ばりばりの姿を確認することができた。

東京でも、大阪に本社があるメーカー製の電化製品の説明書には、堂々と「指づめにご注意」とあり、製品の販売網拡大に乗じて方言も広がっていきそうな勢いだ。

建物の入り口で、子供に向かって、「指つめんよう気ぃつけや！」と叫んでいるお母さんも決して強面《こわもて》の母親というわけではないのである。

中国・四国

鳥取
島根
岡山
広島
山口
徳島
香川
愛媛
高知

腸感冒

鳥取・島根

〝チョウカンボウ〟、耳に入ってきた瞬間「食いしん坊」や「暴れん坊」の類《たぐ》いを連想し、どんな人物だろうかと考え込んでしまいそうだが、実は「腸感冒」と書き、鳥取、島根では「感染性胃腸炎」のことを指すのだ。病院や薬局でも日常的に使われており、正式な病名だと信じている人は多い。

インフルエンザを「流行性感冒」というが、「感冒」は急性の呼吸器疾患で一般的に「風邪」のことを指す。つまり、「胃腸が風邪をひいた」と表現しているわけだ。

「感冒」は、体が冷え込んで起こる病の呼び方として古くから使われており、江戸時代の儒学者・貝原益軒によって書かれた健康についての指南書『養生訓』も、「つつしんで風寒にあたるべからず、感冒咳嗽《がいそう》の患なからしむべし」と説く。「風や冷え込みに注意して、風邪や咳の病気にかからないようにしなければいけない」との教訓だ。現代にも通ずるものがある。

ところで、『養生訓』は当時のロングセラーだったようで、健康に関する書籍は昔も今も売れ行きが好調のようだ。

がいな

鳥取

鳥取・米子で毎年夏に開催される『米子がいな祭』。約六〇〇〇発の花火も圧巻だが、「秋田竿《かん》燈《とう》」を手本とする「がいな万灯」や和太鼓「がいな太鼓」がパレードを盛りあげる。この「がいな」、「大きな、巨大な」という意味の方言で、中国地方を中心に広く使われる。

語源は、中国古典で使われていた「我意、雅意」に由来すると言われる。日本に伝わり、「自分の考えを押し通そうとする心」を意味していたが、その後、「がいな、がいに」の形が生まれ、良い悪いにかかわらず程度のはなはだしいさまを表すようになった。現代の方言にその用法が残り、「がいにもらった」は「たくさん」、「がいに引っ張る」は「強く」、「がいな赤ん坊」は「丈夫な」など、意味は広い。

ちなみに、「がいな松葉ガニ！」は、「鮮度も大きさもすごい！」ということだが、「がいな奴《やつ》！」と言われたら、良い悪いいずれの〝すごい〟なのか、注意する必要がある。

エヴァンゲリオンを作った
ガイナックスという
会社の名前は
この「がいな」から
きてるんだよねー
知ってた？
がいなオタク…

きさじー

鳥取

子供の頃はテレビの時代劇ドラマに夢中になったものである。最後に水戸黄門や遠山の金さんが悪党どもを懲らしめて一件落着する場面は、痛快そのものであった。そんな心地よさを鳥取では「きさじー」と表現する。隣の島根では「きさんじ」。マッサージなどで肩こりをほぐしてもらった後の気持ちいい感じを表すこともあるようだ。

この「気散じ」は室町時代から使用例が見られ、当時は気晴らしになって「気持ちがせいせいする」様子を表していた。後に「気苦労の無いこと。気楽。のんき」の意味が生まれ、江戸語へと引き継がれていく。さらに「明朗。快活」や「真面目。素直」の意味も派生し、これらの用法は今では関西の方言に残っている。

出雲の神話「因幡の白兎《しろうさぎ》」の力を宿す鳥取のご当地ヒーロー「白兎《はくと》跳神《ちょうじん》イナバスター」。次々と悪を倒す〝きさじー〟な活躍は子供たちに大人気のようだ。

きょーさめー

鳥取

「この子、きょーさめーわ」。なんでもよく知ってる子供に対しては「感心だ」、全く思いもよらないいいたずらをした子供に対しては「あきれた」驚きを表す。また、買い物に行って通常よりも高かったり安かったりした時に発する「きょーさめー！」は共通語の「信じられない！」に当たる。プラスにせよマイナスにせよ信じられないような驚きを表すが、県内でも使用の幅には地域差や個人差があるようだ。

由来は古語の「興醒《きょうざ》め」。鎌倉時代から使用例が見られるが、当時は文字通り「興が薄れること」を表していた。後に、おもしろみがなくなった時の不快な顔つきや、予想外の事態に遭遇した際の驚きの表情を「興醒め顔」と言うようになり、そこから方言の意味が生まれたと思われる。

うっかり失言してしまった時の女子大生の反応「え〜！　信じられな〜い！」は、よろしくない方の〝きょーさめー〟かもしれない。

もえる

鳥取

「川の水がもえとる」。超常現象かとざわつきそうだが、大雨の影響で増水している様子を表現しているのである。この「増える」意味の「もえる」は鳥取のほか、中国・四国の一部でも使われるようだ。なんと、これらの地域では銀行に預けたお金も〝もえて〟しまうのである。

由来は「草木が芽を出す」意味の「萌《も》える」だと言われる。実はこの用法は古く、奈良時代から使用例が見られる。何もないところから芽が出てやがて繁茂していく様子から、方言の世界で「増える」の意味に広がったようだ。東北の一部では「孵《ふ》化《か》する」ことを表すが、「成長する」ことに焦点を当てたわけだ。

なお、「アニメのキャラに萌える」などの最近の用法も、対象に向かう愛らしさが増大していくという点で方言の用法と同じだ。

ところで、理想は適度な運動で脂肪が〝燃える〟ことなのだが、残念ながら自粛生活の後遺症で体重が〝もえる〟のが現実なのである。

ばんじまして

島根

島根・松江を訪れた時のこと。郷土料理店ののれんをくぐると、「ばんじまして、おいでさんでした」と優しい声が鼓膜を震わせた。「こんばんは、いらっしゃいませ」と、温かく迎えてくれたのだ。

夕暮れの挨拶「まんじまして」、周辺地域で「ばんなりまして、ばんになあまして」などとも言うことから、「晩になりまして」が元の形だ。単に日没の状況を確認しているようだが、朝から日暮れまで一日中働いたことへのねぎらいの気持ちが込められているようにも感じる。

「こんばんは」と違い、「ばんじまして」は日が傾いて薄暗くなり、完全に日が落ちるまでの限られた時間帯、つまり時間の経過が感じとれる中で使うのが一般的のようだ。仕事帰りの出会い場面にぴったりの挨拶だという人も。ただ、慣れていないと挨拶もままならなくなりそうだ。

いずれにせよ、旅先の方言で挨拶してもらうと、もてなされているような心地よさを感じさせてくれる。

ほえる

島根

共通語の「ほえる」は、「狼《おおかみ》が吠《ほ》える」のように獣などが大声で鳴く様子や、「壇上でほえる」のように人が大声で話したりわめいたりする様子を表す。勢いの良さや力強さが感じられることから、プロ野球などで緊迫した場面を三振で乗り切った投手が「マウンド上でほえた」といった使われ方もする。ところが島根では「うちの子はよーほえる」のように単に「泣く」ことも表す。特に小さな子供が大声で泣いている様子を表現するようだ。「泣き虫」のことは「ほえべそ、ほえごめそ」と言う。

「人が大声をあげて泣く」の意味は古く、室町時代頃の狂言台本にも登場する。次第に小さな子供の泣く様子へと限定され、方言に残ったようだ。共通語で「あとでほえ面をかくなよ」という時の「ほえ面」は「泣き顔」を表しているので古い用法を残していることになる。

「太陽にほえろ!」と言っても石原裕次郎の泣いている姿は想像したくない。

おえん

岡山

「だめだ。いけない」と言う時の岡山県を代表する方言。「おえんじゃろー」「おえんが」「おえまー」などの言い回しで使われることが多い。この言葉を使われると、誰もがそれじゃしかたない、と納得するらしい。さらに強調した「おえりゃあせんのう」は、俳優の長門勇がドラマの中で多用して流行語にまでなった。

「おえん」の由来についてはいくつかの説があるが、ひとつは、奈良時代から使われている古語「終える」を打ち消した形「おえん」。「終える」は「最後まで成し遂げる」という意味で、それを打ち消すことは、続けてきたことを果たせないことになり、「だめだ」という意味が生まれたようだ。

もうひとつは、自分の力ではどうにもならない時に使う常套句《じょうとう》「手に負えない」の「負えない」が独立して「おえん」が生まれたという説だ。

いずれにしても、はっきりと強くダメ出しされているのになぜか嫌な気がしない。心が通い合う感じがして早速使ってみたくなった。

「編集担当さん、原稿そんなにしつこく催促したらおえんじゃろー」

きょーてー　岡山

第六回日本ホラー小説大賞を受賞した岩井志麻子の短編小説『ぼっけえ、きょうてえ』。恐怖感の演出に、岡山の方言が一役買っている。題名は「とても怖い」という意味の方言だ。この「きょーてー」、岡山のほか、広島、鳥取、島根など中国地方で広く使われる。「きょーとい」と言う地域もあるが、これが古い形を残している。江戸時代の国語辞書『俚言集覧《りげんしゅうらん》』に、「きゃうとい　大坂詞気疎《ことばけうとい》なり」と記されていることから、元の形は「けうとい」で、近世以降に変化したと見られている。

その「けうとい」は平安時代から使用例が見られるが、当時は「嫌だ、不愉快だ」という意味のほか、「人気《ひとけ》がなくて寂しい、気味が悪い」という意味でも使われていた。『源氏物語』の中でも、廃院を訪れた光源氏が「けうとくもなりにける所かな」と言う場面が登場する。寂しい場所や気味が悪い様子が〝怖い〟という気持ちの表現につながっていったわけだ。

学生たちの間ではホラー映画が人気だが、おじさん世代は〝きょーてーけん、よー観《み》ん〟。

まん　岡山

宝くじが当たれば「まんがえー」、終電に乗り遅れたら「まんがわりー」。この「まん」は「運、めぐり合わせ」のことで、岡山を中心とした中国地方のほか、対岸の香川や兵庫の一部をはじめ、かなり広い地域で使われる。

由来は「間」の変化とも「間」と「運」が結び付いた言葉だとも言われ、江戸時代にはすでに使われていた。ダブルで縁起が良ければ最高だが、悪い時はかなりの衝撃だ。ちなみに、映画のタイトルにもなった「あげまん」は、男性の運気を上昇させる女性のことだ。

ところで「まんなおし」という行事が各地の漁村にあるらしい。「間直し」ということで、景気づけに酒宴などを催し、大漁を祈願する縁起担ぎの行事のようだ。

新たな元号の時代を迎えたが、個人的には、今年は「間」も「運」も良かったという記憶があまりない。みなさんにとって来年が〝まん〟の良い年でありますように！

もんげー　岡山

岡山には俗に〝三大ベリー〟と呼ばれるものがある。と言ってもストロベリー、ブルーベリーの類いが特産品ということではない。“very”、つまり「とても、非常に」を意味する「もんげー、ぼっけー、でーれー」の三つの方言があるということだ。これらの方言には、「ものすごい！」と、並の程度をはるかに超えている状態を表す用法もある。

実は「もんげー」は少し前まで、「ぼっけー」「でーれー」に押されて存在感が薄くなっていた。ところが、近年、子供たちに大人気のアニメ『妖怪ウォッチ』に登場するキャラクターの口癖として認知度が急上昇し、一躍、全国区の岡山弁として息を吹き返したのである。さらには、二〇一四年、県のPR用キャッチフレーズの座をかけてこれら三方言が直接対決。投票の結果、「もんげー岡山！」がトップに輝くなど、まさに勢いが止まらない。

一方、二〇一五年二月には映画『でーれーガールズ』が公開されるなど、他の方言も巻き返しを図っている。三つ巴《どもえ》の戦いはまだまだ続きそうだ。

めげる

広島・岡山

「パソコンめげた」「時計めげた」「テレビめげた」。毎日使い続けていると、機械類でも気持ちがくじけてしまうのかと同情したくなるが、広島、岡山では、「壊れる」ことを「めげる」と言うのである。他の中国地方や兵庫県の西部、徳島まで広がりを見せている。「めげる」は一七世紀の初め頃から文献に登場するが、もともとは「壊れる」意味で使われていた。現代のような「気力が失われる」ことを表す用法は一九世紀以降に生まれた新しい意味だ。

山口では「自転車、やぶれた！」。この「やぶれる」も平安時代から使われている古い言葉であるが、「壊れる」意味の方が文献に登場する時期は早い。「めげる」と同様に古い用法の名残である。奄美・沖縄の一部では、「やぶりゅい」「やぶりぃ」などと形を変えて残っている。

古くは、「めげる」も「やぶれる」も、人であれ物であれ「正常でなくなる」ことを広く表していたようだ。電子機器の普及で便利な世の中にはなったが、使いこなせずに〝めげる〟こともしばしばである。

かばち

広島

広島出身のロックミュージシャン矢沢永吉のアルバム『KAVACH』や、広島の行政書士事務所が舞台の漫画『カバチタレ！』などから広島の方言として知られているが、実は中国地方で広く使われている。

「かばち」の意味は、地域や年代によって「へ理屈、口答え、減らず口」などと微妙にニュアンスが異なるが、相手の生意気な態度に対して不快感を表現していることに変わりはない。実際の会話では、「言う」を卑しめていう語「たれる」とともに「かばちたれんな！」のような使い方が一般的だ。「かばちをたたく」「かばちをきく」「かばちをつく」など、使い方は各地で様々だ。文句ばかり言ったり、へ理屈をこねたりする人は「かばちたれ」と呼ばれる。

「かばち」は平安時代の辞書に、「頬骨からおとがいにかけての骨格」と記されている。「口が悪い」「口が達者だ」のように、身体部位の名称が「ものの言い方」の意味に広がったのと似ている。

いずれにせよ、〝口は禍《わざわい》の元〟ということを肝に銘じておいた方がよさそうだ。

ござねぶり　広島

以前、広島で『ござねぶり』という一風変わった名前の地酒を味わったことを思い出した。現在は閉じてしまったが、江戸時代から続いていた蔵元の本醸造酒だ。

「ござ」はイ草の敷物の「茣蓙《ござ》」、「ねぶる」は「舐《な》める」の意味で奈良時代から使われていた古語。茣蓙にこぼれた一滴まで舐めることに由来する。まさに「のんべえ」のための酒だ。本来、宴会が終わりに近づいても席を立たずに酒を飲み続ける人を指すが、宴席にかかわらず単に長居する人にも使うという。

最近になって南信州で同名の純米酒が造られた。地元の酒米を使い地域おこしにも一役買う。長っ尻の酔っぱらいを、そこまで酒を愛してほしいとプラスに捉えた命名のようだ。腰は重くても後味がスッキリして軽やかな飲み口というところが憎い。

最近は歳のせいかすぐに酔いが回り、〝ござねぶり〟どころか、〝ござ眠り〟の状態に陥ってしまうのである。

たいぎー　広島

広島では老若男女を問わず日常的に使われ代表格の方言とされるが、中国地方をはじめ、遠く離れた北海道など使用地域は全国に散らばっている。

使用者から「おっくう、だるい、めんどうくさい、わずらわしい」などをミックスしたような感覚だと説明されても「ただやる気ないだけでしょ！」とツッコミを入れたくなる。精神的な疲労感や倦怠《けんたい》感などの微妙なニュアンスを表していて、簡単には共通語に置き換えにくい。まさに生活必需品の方言なのである。

語源は「大儀」。漢語が方言として使用されている珍しい例だ。時代劇で殿様が「大儀であった」などと家来に声をかける場面がしばしば登場し、他人の労をねぎらう言葉として使われるが、実は「やっかい、めんどう」の意味が古く、鎌倉時代から使用例が見られる。方言に古い用法が残っているわけだ。

夏バテも最高潮で、冷蔵庫までビールを取りに行くのさえ〝たいぎー〟のである。

たう 広島

東京・銀座の路面店『tau』。おしゃれな雑貨屋を思わせる外観だが、実はそのロゴの脇には「ひろしまブランドショップ」と書かれている。つまり、広島の魅力を発信するアンテナショップなのである。

店名の由来は「届く」を意味する方言「たう」。広島を代表する方言として取り上げられるが、山口や北九州の一部でも使われる。会話では、「届かない」を表す打ち消しの形「たわん」が使われる機会が多い。

もともと、「手がたわんけえ、取ってくれえや」「深うて、足がたわんわいや」のように、手足や背が届くかどうかを表していた。使用頻度が高いせいか、「コードがたわん」など用法は広がっている。ただ、同じ「届く」でも、手紙や荷物が配送される場合には通常使えない。『tau』も、〝東京に広島の逸品が届く〟でなく、〝東京にいながら広島の名産品に手が届く〟と捉えた方がよさそうだ。

ちなみに、この方言を共通語だと信じている広島県人は多く、「たわん」の共通語形は「たわない」だと思い込んでいる人も少なくないようだ。

はぶてる　広島

直木賞作家・中島京子の『ハブテトル　ハブテトラン』。怪獣でも登場しそうな響きだが、絶妙な備後弁が作品の舞台となる広島・松永の風土と相まって、何とも言えぬ爽快な気分にさせてくれる。「はぶてる」は共通語の「すねる」に当たる方言で、広島のほか、山口や愛媛でも使われる。

語源は諸説あるが、「ふてくされる」の意味で鎌倉時代から使われている「ふてる」と関連があると思われる。共通語でも「ふて寝」などの形で使われる。この「ふてる」に「端役、端数」などと言う時の、「重要でない、はんぱ」の意味を表す「端」を添えることで、心の底から反抗的な態度を取ったり怒ったりしているのではなく、その中間的ないじけて不機嫌な微妙なニュアンスを表している。

オジサン的な妄想になるが、〝すぐはぶてるんじゃけー〟と言われ、頬をぷっと膨らませてにらみつける女の子のかわいい表情をついつい思い描いてしまうのである。

みてる

広島

「先生みてたー」。何も学生をじろじろと観察していたわけではない。声の方向に目をやると、広島出身の学生がビールの空き瓶を両手で高く掲げている。もちろん授業中ではなく新年会でのことである。

この「みてる」は、「なくなる」という意味で、広島のほか、岡山、山口を中心とした中国地方や瀬戸内海を渡って四国の一部にも広がっている。広島出身の編集者からは「原稿のストックもうみてたんか」とよく言われる。

「みてる」の本来の意味は現在の意味とは逆の「いっぱいにする」で、奈良時代から使われていた古語である。「満・充」の字を当てるが、鎌倉時代に入ると「すっかり果たす」「終える」という意味が登場する。この意味が広がって方言の中に残ったわけだ。

満ちてないのに「みてる」とはややこしい。「風呂の水みてたよ」と言われ、よその地域から嫁いだ女性が「満杯になった」と誤解し、空焚《からだ》きしてしまったという失敗談も聞く。

思わぬ誤解を招く方言は笑い話のネタに事欠かない。

すがる

山口

「危険なので柵にすがらないでください」。山口の観光地で見かけた注意書きである。観光客には意味がのみ込めないようだが、この「すがる」、中国地方西部で、「（柱や壁に）もたれかかる、寄りかかる」を意味する方言の用法なのだ。

共通語の「すがる」には、「杖《つえ》にすがる」のような「頼みとしてしっかりとつかまる」という意味と、「情けにすがる」「厚意にすがる」のように「助力を求めて頼む」という意味があるが、前者は平安時代、後者は鎌倉時代からと、いずれも古くから使われている。

思えば、「手すりにすがって歩く」時の姿勢は体の前方に力を預けているし、「藁《わら》にもすがる思い」の気持ちの方向も前のめりだ。ところが、この方言の「すがる」は、壁や柱に背中を寄りかからせており、後ろ方向という点で共通語の用法とは異なる。語形が同じだけにややこしい。

〝壁にすがって楽にしてください〟と言われ、どうしたら楽になれるのか戸惑ってしまう人も多いかもしれない。

〜ちょる　山口

山口のゆるキャラ「ちょるる」。『おいでませ！　山口国体』のマスコットキャラクターを務め、現在は山口県PR本部長として県内各地のイベントで活躍中だ。

命名の由来は「〜ている」を表す「〜ちょる」。「花が咲いちょる」「看板が立っちょる」など隣接県や四国、九州の一部などでも使われる。もともと「〜ている」に当たる表現は、その状況に応じて「〜よる」と「〜ちょる」で使い分けられていた。雨が降り続けているような進行中の状況は「雨が降りよる」、木の葉が落ちた結果として地面に散らばっている様子は「落ち葉が散っちょる」という具合だ。西日本では「〜よる／〜とる」を用いるなど、こうした区別のある地域は多い。山口では次第に「〜ちょる」が多用され、使い分けはなくなりつつあるようだ。

肌寒さが身に染みる昨今、夜の巷《ちまた》を〝チョロチョロしちょる〟と風邪をひきかねないのでほどほどに。

びったれ

山口

計画性がなく物事の段取りがうまくできないようなだらしのない人物を指す。「無精者、怠け者」に近い。「びったり、びんたれ」とも言う。広島や近隣の福岡、四国の一部などでも使われるかなり古い方言だ。

地域によっては身なりが不潔な様子を表したり、だらしなさは精神的な弱さが原因という発想からか「弱虫、小心者」の意味で使ったりする場合もある。広島を舞台に〝びびり〟の主人公が活躍する漫画『奮闘《きばれ》！　びったれ』はドラマや映画にもなった人気作品だ。

語源は様々で、着物の裾を引き垂らした様子、すわり込んだままで、そこを動かない「居浸《いびた》れる」、頭髪の左右両側の部分を示す鬢《びん》をだらしなくたらした「鬢垂れ」などなど。

ちなみに、一〇月末ごろに吹く強く冷たい風のことを「びったれおどし」と呼ぶ所もある。急激な寒さが訪れ、季節が変わってもなかなか夏物を片付けないでいる〝びったれ〟を慌てさせるという意味だ。

ろーま　山口

「いちじく、にんじん、さんしょに、しいたけ、ごぼうに、ろーま……」。山口・下関に古くから伝わる数え歌である。野菜の中にいきなり地名が混じり込んでいるわけではない。「ろーま」は「春菊」の呼び名で、スーパーの店頭表示でも見かけることがあるという。

江戸時代の方言集『物類称呼《ぶつるいしょうこ》』に「近江彦根にて、ろうま」「京大坂にてきくな」などの記述があり、滋賀の一部でも方言として残る。「きくな」は京料理でもお馴染《なじ》みだ。「ろーま」は原産地が地中海沿岸であることに由来する名付けで、シルクロードを経て室町時代に伝来したとされる。

江戸後期に植物や鉱物の薬用を説いた『本草綱目啓蒙』という書には「ロウマ長州ロウマギク防州」と記されており、当時から山口の方言と意識されていた。

古名には「おらんだぎく、こーらいぎく」などもあり、各地の方言に残る。「春菊」もなかなかグローバルなのである。

みやすい

中国

島根、広島、山口など中国地方の西部で、「今日のテストみやすかったー！」などと使われるが、これらの地方ではカンニングし放題というわけではない。「簡単だ」という意味で「みやすい」を使うのである。ただし、「難しい」の反対語としての「簡単」に位置づけられるほど〝簡単な〟話でもないようだ。「ちょろいもんだ」とのニュアンスを含み、むしろ共通語の「たやすい」に近いのかもしれない。

この「みやすい」の原形「みやすし」は平安時代から用例が見られ、「見苦しくない」という意味で『枕草子』にも登場する。明治以降になると「みやすい理屈」のように「筋道が立っていて、よく理解できる。わかりやすい」という使い方が現れるが、どうもこの意味が広がって方言に残ったのかもしれない。

反対語にあたる方言に「いたしい」があるが、「難しい」という意味のほか「連載はいたしいのー」のように「しんどい、つらい」といった行動の困難さも表すようだ。

いずれにせよ、〝いたしい〟文章を書かないようにするのも〝みやすい〟ことではない。

あるでないで

徳島

「あれ、ケータイどこいったかな？」「カバンの中にあるでないで」。あるのかないのか適当に応ずる塩対応というわけではない。徳島では一般的なやり取りで、「（そこに）あるじゃないか」と気遣っているのである。

この「あるでないで」、二つの「で」の用法が異なる。「あるで」の「で」は「あるでしょ」と確信をもって断言し、文末の「で」は「〜ではないか」と問いかけているのだ。「ないでないで」となるとお手上げだが、意味は「ないじゃないか」。さらには、「ご飯食べんで」と勧誘したり、「ほら、あんでぇー（＝あるじゃないか）」と詰問したりと万能な「で」。『徳島県物産観光交流プラザ』の愛称は「あるでよ徳島」、観光誘致のキャンペーンは「#徳島あるでないで」など、情報発信や魅力のアピールに大活躍の方言なのである。

マスクや除菌グッズが品薄の昨今、あそこにドラッグストアが〝あるでないで〟と、つい立ち寄ってしまう。

せこい　徳島

徳島で「この坂登るのせこいのー」と言えば身体的に苦しい、「原稿できとらんけんせこい」と言えば、精神的につらいという意味になる。経済的に苦しい状況を表すこともあり、余裕の無さからくる心身の苦しい様子を表す。

また、原稿執筆のために一日中、机に向かっていたのに全くはかどらなかった時のような精神的な徒労感を表現することもでき、意味は広い。

類似の方言に「しんどい」が変化した「しんだい」がある。倦怠感の意味も含むようで、「せこい」と使い分けるのは難しそうだ。

ところで、共通語の「せこい」は、「ずるい、素早い」の意味を表す俗語として大正末期の用語辞典で確認される。その後、「けちくさい、みみっちい」と意味を広げていった。これらの用法は、現在でも話し言葉の中で多用されるため、誤解を招くことも多いようだ。

もし、徳島県人がご馳走《ちそう》してくれた相手に「あーせこい！」と言っても、食べ過ぎて苦しいということであって、おごり方がみみっちいと非難されているわけではないのである。

はめる

徳島

徳島市内の駐車場入り口に立てられた看板「犬をはめないで下さい！」。よそ者には奇妙に感じられるが、「はめる」は四国で広く「入れる」の意味で使われる。「これから帰って子供を風呂にはめる」などと言われると慌ててしまう。「タイヤに空気をはめる」「熱いお茶をはめる」「ジョッキにビールをはめる」など用法は広く、特に「仲間に加える」意味では東北の一部まで使用地域が広がる。

「はめる」は、古くは「身を投げる」の意味で使われる例が多いが、鎌倉時代になると「穴を埋める」ことを表すようになる。この意味が、共通語の「枠にガラスをはめる」「指輪をはめる」など「ぴったり合うように入れ込む」意味へと派生していく。方言の中では、「ぴったり合う」との制限がはずれて用法が拡大されたようだ。

そろそろ物事に気合を入れて取り組むのがなかなか億劫《おっくう》な年齢になってきた。簡単に〝はめる〟ことができる気合を持ち歩ければ楽なのだが。

おとっちゃま

香川

香川では、暗い場所やお化けなどを怖がる子供に向かって母親が「あんた、おとっちゃまやなあ」などと言うことがある。「お父様」と誤解しそうだが、実は「臆病者、怖がり」という意味の方言だ。

「おとろっしゃ」と言う地域もあることから元の形は「おとろし屋」。「おそろしい」が変化した「おとろしい」は江戸時代に関西を中心に使われたようで、当時の方言集『物類称呼』に「おそろしこはし　畿内近国或は加賀及四国などにて、をとろしいと云」と記されている。

「屋」には「恥ずかしがりや」「わからずや」などと言うようにそのような性質の人物を表す働きがある。つまり「おとろしや」は「怖がるような人」ということだ。

この〝おとっちゃま〟は子供に対して使うことが多く、奮起を促す応援の気持ちが込められていると言う。同じ「臆病者」に対する言葉でも、相手を見下すような「ビビリ」「チキン野郎」とは大違いの表現なのである。

けんびき

香川

「けんびきができて痛い！」。「口内炎」ができてしまったのである。

もとは「けんへき（痃癖）」の形で室町時代の辞書に登場し、「肩こり」を表していた。その後「首から肩にかけての部分」を指すようになり、さらには指圧やマッサージの技術を表す意味が生まれ、「けんびき」のほか、「けんべき、けんぺき」などの形で各地の方言に残っている。

実はこれらの意味は現代の国語辞典にも「けんぺき（肩癖）」の見出しで採録され、漢語的な表現として使われる場面もあるようだ。ただし、「口内炎」の意味は、香川のほか隣接の愛媛や中国地方の一部の方言にしか存在しないのである。方言の中には「疲れなどの軽い病気」を広く表すところもあることから、体力が弱った時に現れると言われる「口内炎」の意味が生じたのかもしれない。

連日の飲酒と運動不足の不摂生で、口内炎と肩こりのダブル〝けんびき〟を併発してしまうこの頃である。

まっつい　香川

「兄ちゃんと顔まっついやね」と言えば「そっくり」、「その柄まっついやけん区別つかん」と言えば「全く同じ」ことを表す。

共通語の「対」は、「対の茶碗《ちゃわん》」のように「二つそろって一組になっている」との意味で使うのが一般的だが、香川の「つい」は「あんたの意見とついよ」のように、「同じ、似ている」との意味を表す。その「つい」に「真四角」「真北」などのように「完全、正確」の意を添える「真」が付いたのが「まっつい」だと言われる。また、「まっつい」をより強調した「まっつくつい」との言い方もあることから「全く＋つい」が縮まって「まっつい」が生まれたとの説もあるようだ。似ている度合いは「つい＜まっつい＜まっつくつい」と大きくなると言うが判定は難しい。

一目で見分けがつきにくい双子は〝まっつくつい〟ではないかと思うが、日頃見慣れている身内にとっては、〝まっつい〟程度だとか……。

まんでがん

香川

香川の『うどん県旅ネット』というサイトを見ると、「讃岐のええとこどり〝まんでがん〟コース」なる旅のプランが紹介されている。「まんでがん」とは「全部」という意味だ。土産物店には名産品の盛り合わせ〝まんでがんセット〟が並ぶなど、ご当地色を発信するネーミングとして人気の方言である。

「まんでがん」の「がん」は、「それに相当するもの」、つまり共通語の「〜分」に当たる。「遠足のおやつは五〇〇円がん」などと使われる。「まんで」は「まる＋で」が変化した形で、「まる」は「まる一日」「まるもうけ」「まるでダメ」などの用法に近い。

「がん」は助詞の「が」と「の」を組み合わせたもので、「〜のもの」という意味のほか、古くから「〜に相当するもの」との意味も表していた。江戸時代の町人の生活を描いた井原西鶴の『日本永代蔵』には、酢を買いに来た客が「何程がの（いくら分）？」と尋ねられ、「壱文がの」と応じるやり取りが登場する。

何はともあれ、このコラム欄も、原稿を〝五回がん〟くらい書きためておけると楽なのだが……。

むつごい　香川

香川の観光協会の公式サイトは『うどん県旅ネット』、定期観光バスは通称「うどんバス」。地域ブランドとして讃岐うどんをアピールする姿は、県内をうどん一色に染める勢いだ。

そのコシがあり、さっぱりしたうどんでも、トッピングの天ぷらが多すぎると「むつごい」ことになってしまう。四国地方で広く使われるが、「むつこい」と清音で発音される地域もある。味が濃すぎたり油分が多すぎたりして、食後に胃もたれするような〝くどい〟と感じる食感を表現する方言だ。

語源は定かではないが、「むつごい」の語形と意味からは「濃い」との関連性を思わせる。意味は広く、どぎつい色彩の絵画やファッションなども「むつごい」だ。さらには、目鼻立ちが際立ちすぎて暑苦しい顔も「むつごい」と評されてしまうことがあるようだ。

となれば、歴史の教科書に登場する西郷隆盛などは、〝あんた、むつごいわ〟と言われてしまうに違いない。

いなげな

愛媛

愛媛のとある駅の待合室でのこと。談笑する老人グループの脇を奇抜なファッションの若者が通り過ぎると、「いなげな格好じゃなー」とささやく声が耳に入ってきた。「いなげな」は「風変わりな、奇妙な」との意味を表し、中国・四国地方で広く使われる。梅雨時のはっきりしない変な天気の日に「いなげな天気じゃ」と不快感を表すこともある。

おおもとは、普通とは違っていることや不思議であることを表した「異《い》」。平安時代から使われている古語だ。後に、風変わりな動物を「異なけだもの」、奇妙な場所を「異な所」と表現する用法が生じた。そこに「満足げ、悲しげ」などのように様子や気配の意を添える「〜げ」が付いて生まれたのが「いなげ」。西日本を中心に方言の世界で広がったようだ。

子供たちは、お年寄りが話す方言を〝いなげな〟言葉だとキョトンとしているが、いずれ方言の奥深さや魅力をわかる時が来るに違いない。

いんでこーわい　愛媛

「伊予弁なんぼわかる?」。愛媛県・道後温泉駅近くのビルの壁に貼られていたプレートである。愛媛を代表する方言をあげて観光客に問いかけている。その中のひとつが「いんでこーわい」。人との別れ際や仕事を終えた際に「そろそろいんでこーわい」のように使う。「そろそろ失礼します」という挨拶言葉のようなものだ。

「いんで」は「往んで」と書き、「帰る」意味を表す古語の「往ぬ」。『古事記』や『万葉集』の時代から使われている。「こー」は「来よう」の古い形「来う」だが、「いんでこーわい」全体が「帰ろう」という意思表示であって、「来る」という具体的な行為は表さないのである。「わい」は、共通語の「よ」や「ね」と同様に軽い念押しの気持ちを添えている。

最近では、「往ぬ」に代わって「帰ってこーわい」という言い方も使われている。

この表現、県外の人は「帰ってきます」と受け止めてしまうことが多いらしく、ひたすら戻ってくるのを待ち続けたなど、エピソードには事欠かないようだ。

おんまく

愛媛

愛媛県今治市で一九九八年から続く夏の祭り『おんまく』。多くの観客で賑《にぎ》わい、中四国最大級の「夢花火」が夏の夜空を彩る。今では愛媛を代表する夏祭りだ。

この「おんまく」、「思いっきり、めちゃくちゃ、大げさ」などの共通語が当てられる。かなり度を越した様子を表現する方言のようだ。大賑わいの祭りの名称に使用されたことから今治の方言としての知名度が急上昇した。ただ、他の四国や対岸の瀬戸内海沿岸地域にも使用地域は点在する。

由来は「おもわく（思惑）」。現代では、「何か思惑があるらしい」「思惑が外れる」のような「考え、見込み」という意味での使い方が一般的だが、「思うことには～」との用法が奈良時代から使われていた。論語でお馴染みのフレーズ「子いわく～」の「言う」の用法と同じだ。これが方言の中で意味を広げたようだ。

ところで、地域ブランドとして全国的に知られる名産品「今治タオル」がある。土産物店で〝おんまく〟と書かれたボディータオルを見つけた。体のこすり方もパワフルになりそうだ。

ちゃがまる

愛媛

愛媛県の山間部、内子町を走るレトロなボンネットバス「ちゃがまる」。その愛称の由来は、なんと、クラシックカーだけにすぐに故障してしまうということらしい。何とも茶目っ気たっぷりの発想だ。乗車しても大丈夫かと不安になりそうなところだが、情緒あふれる街並みをゆったり楽しんで欲しいとの願いにうまくマッチしている。

「ちゃがまる」は「壊れる」を意味する方言として、愛媛のほか高知、徳島などで広く使われている。ただ、この「ちゃがまる」は、パソコンやテレビの機能が働かなくなるだけでなく、物事がダメになる状況を広く表現する言葉だ。

「計画がちゃがまる」と言えば「頓挫する」、「暑さでちゃがまる」と言えば「へばる」、「女の子に振られてちゃがまった」と言えば、「精神的に参る」ことになる。「しゃがみ込む」意味で使う地域もあるようだが、疲れて動けなくなるわけだから意味の広がり方には納得がいく。

いずれにしても、マイナスの状況でありながらも悲壮感を漂わせないところが方言の持つ力なのかもしれない。

いごっそー

高知

高知県と言えば酒豪ぞろいの県という印象が強い。世帯当たりの飲酒代の年間支出額が全国一位という統計データもさることながら、大杯に注がれた一升の日本酒を十数秒で飲み干してしまう「どろめ祭り」のニュース映像のインパクトが大きいのかもしれない。

その豪快さは、土佐の偉人、坂本龍馬や吉田茂の人物像と重なってくる。頑固で強情、権威に屈せず妥協しない、そんな気質を表現したのが「土佐のいごっそー」。高知の男性の特徴として強く意識され、今では褒め言葉として使われることが多くなってきた。

しかし、男性ばかりが豪快というわけではない。女性も、酒の飲みっぷりでは引けを取ってはいない。そんな高知の女性の性格を表す言葉は「はちきん」。「いごっそー」とペアで使われることが多い。もともと、向こう見ずで男まさりな気性を表す言葉であったが、近年は、快活で行動力のある女性をイメージする方が一般的なようだ。

高知県では、男性も女性も〝肉食系〟が多いということだろうか。

おーの

高知

驚いた時、高知では思わず「おーの！」と声を発する。岩手の「じぇ！」などと同じで、この言葉自体には意味はない。疲れた時やいらいらして具合が悪い時など、望まない出来事や状態に直面した時に使うことが多い。

高知県民の驚く感覚が特に変わっているというわけではないが、高知では「たまー」「たまーるか」「ばっさりいた」など、驚きを表す特徴的な方言が多い。その一つ「おーの」は、物事が思い通りにいかないふがいない気持ちの時に吐き出したりもする。坂本龍馬が「おーの！　おんしにゃ敵《かな》わん！」などとため息交じりに嘆いている姿も思い浮かんでくる。

ただ、最近は「おーの、心地がえい」のような使い方もするようで、感心した時や気分が高揚した時など使用範囲が広がってきている。

書きかけの原稿ファイルを消去してしまった。“Oh no!”、と思わず英語が口から出てしまうほど語学に堪能というわけではない。英語にせよ方言にせよ、とっさに発する言葉を真似《まね》することは難しい。

こじゃんと

高知

単なる程度のはなはだしさや量の多さとは違うようだ。「酒をこじゃんと飲んだ」は徹底的に飲み、「こじゃんと暑い」は半端ない暑さを表す。若者風に言えば「ものすご～く」といった感じだ。情報の質と量がアピールできるとあってか情報発信サイトやラジオ番組などの名称としても人気だ。高知市のふるさと納税の謝礼品にも「こじゃんとうまいもん」が登場する。高知グルメが満喫できそうである。

江戸時代には「こじゃんとしたる手拍子」のように「そろっている、まとまっている」様子を表していた。現代の共通語でも使われている「きちんとしたさま」を表す「しゃんと」に接頭語の「こ」が付いた形だ。きちんと整った様子から、方言の世界で「徹底的に、十二分に」という意味を生み出したようだ。

〝こじゃんと〟冷えたビールを〝こじゃんと〟飲んで〝こじゃんと〟暑い夏を乗り切りたいものだ。

たっすい

高知

最近ご当地ネタに絡めた愛称で呼ぶ地方空港が増えている。『高知龍馬空港』もその一つだ。その空港でひときわ目立つポスターが「たっすいがは、いかん！」。ビールメーカーの広告だ。県内の酒屋や商店街で目にすることも多い。

「たっすい」は「たよりない、弱くて張り合いがない」という意味の方言「たすい」を強調した言い方。しっかりとしたキレ、コク、苦みのないビールはダメだということだろうか。「たっすいがぁが、えいちや！」とさっぱりした喉ごしで対抗するメーカーもある。日本酒のイメージが強い高知県だが実はビールの消費量も上位にランクされる。ビールの味にも一家言ある県民が多そうだ。

この「たっすい」、味にインパクトが無い場合だけではなく、未熟で頼りない人や力が弱くて軟弱な様子も表す。味にせよ人物にせよ。手ごたえの感じられないものは嫌われるらしい。

お隣の徳島では「たっすい」はもっと〝いかん〟ようだ。「ほんなたっすい文章やめとけ！」と言えば「くだらない、しょうもない」ということだ。

のーがわるい

高知

「おまん、それはのーがわるいにゃぁ」。決して頭の悪い奴だとバカにしているのではない。この「のー」は「性能、機能」などの「能」で「都合、調子、具合」などの意味だ。「のーがわるい」は高知を代表する方言で、「具合が悪い、調子が悪い」状態を広く表す。体調不良や体の動きが鈍い時、機械や道具がうまく使いこなせず困った時、靴を左右逆に履いてしまって何かしっくりしない時など、思わず「あ〜、のーがわるい！」と発したくなるようだ。高知県人には便利な表現だが、共通語には置き換えにくい。逆に、高性能のパソコンや使いやすい器具に出合った時には「のーがえー（えい）」という。

また、県西南部の幡多地方や愛媛の南部では、不自由さや漠然とした違和感を「じゅん（が）わるい」と表現する。「自由」に由来する言い回しのようだ。

ところで、山口の「のーがわりー」は「脳が悪い」つまり「頭が痛い」という意味になるので厄介だ。

それこそこの方言は、よそ者が使うには〝のーがわるい〟。

ひーとい

高知

「一日中」を意味する古語は多く、いくつかは方言の世界で今なお健在だ。高知に残るのは「ひーとい」。平安時代から使われている古語「日一日（ひひとひ）」に由来する。『枕草子』には、イケメン男子が「双六《すごろく》を日一日打ちて、……」という場面が登場する。双六に興じるだけでは満足できず、相手にいろいろとちょっかいを出すという場面だ。「そりゃ双六三昧じゃ飽きも来るだろう」とツッコミたくなってしまう。

ところで、高知では、「ひーとい飲み会しょーか」「ひーといはお世話様」のように、「近いうち」「いつぞや」の意味で使うところもある。ちなみに、「一日おき」は「ひーといはざめ」「ひーといがい」などと言う。それぞれ「一日を挟む」「互い違い」という発想のようだ。

それにしても、〝ひーとい〟机に向かっていてもなかなかアイデアが浮かんでこないと、現代の時間の流れは何倍速にも感じられてしまう。

りぐる

高知

土佐くろしお鉄道・中村駅構内のアンテナショップ『LIGRI』。四万十川流域の食材を使った高知県西部の逸品が並ぶ。店名の由来は「吟味する、念入りにする」という意味の方言「りぐる」。その意味から、新鮮な食材を厳選した飲食店、丁寧な仕事の設計会社、製法にこだわった調味料などのネーミングにも引っ張りだこだ。

なお、「りぐる」を「理屈を言い立てる」の意味でも使うことから、語源は「理繰る」だと言われている。「繰る」には「順にめくる、順に移動させる」との意味があるが、方言の世界では「べそくる（めそめそする・静岡）」「こざーくる（抜け目なく立ち回る・岡山）」など、「〜くる」で動作の繰り返しを表す用法が生まれたようだ。その繰り返しが「念入り」との好印象を引き出し、右記の意味が生まれたのかもしれない。

いずれにせよ、〝りぐる〟が過剰になると「そこまでしなくても」と反感を買ってしまうようで頃合いが難しい。

九州・沖縄

福岡
佐賀
長崎
熊本
大分
宮崎
鹿児島
沖縄

こまめる　福岡

小銭がなくて困った時、「一万円ば、こまめちゃらんね」などと使われる。この「こまめる」は、「大きな金額のお金を同額の小銭に替える」、つまり「両替する」ことを表すが、福岡県人の中には方言であることに気づいていない人も多い。

共通語では「崩す」を使って「一万円を崩す」などと言う。「崩す」は、「山を崩す」「字を崩す」「姿勢を崩す」のように、原形をなくすことを広く表すことができるが、「こまめる」はお金を細かくすることに限定して使われるようだ。

ところで、「こまめる」は、九州で「小さい」ことを表す形容詞「こまい、こまか」が動詞になったもので、共通語で、「あいつはこまめな奴《やつ》だ」という時の「小まめ」が語源ではない。「固い」「丸い」などの形容詞が「～める」の働きで「固める」「丸める」と動詞に変換されるのと同様である。

となると、福岡の人たちは、〝こまめ〟に両替して、いつも小銭をじゃらじゃらと持ち歩いている、というわけではなさそうだ。

さんのーがーはい

福岡

「さんのーがーはいっ！」。数人で教卓を持ち上げようとした学生が発した掛け声。当然のことながら力は入らず、一斉に笑いを起こす合図となってしまったのである。福岡では、一斉に力を合わせる時に使われる掛け声で、カメラのシャッターを押す際にも思わず口から出てしまうようだ。

共通語では、「いちにのさん」「いっせーのーせっ」などが一般的だが、どうして「さん」から始まるのか不思議かもしれない。ただ、合唱する際の歌い出しの合図を「さん、はい！」と言う人は多いのではないだろうか。四拍子の曲の場合、歌い出しの部分が一拍目になっていると、「一、二、三、はい！」とリズムを取る、その省略形が「三、はい！」。その変化した形が、福岡で意味を広げて定着しているわけだ。

中部、近畿などには、「いっせーのーでっ」という地域があり、最後のタイミングで力が抜けてしまいそうである。様々な地域の出身者が集まって重い荷物を持ち上げるような時は、周到な予行練習が必要かもしれない。

す　福岡

福岡・柳川で「わけのしんのす」なるものを食した。「若者の尻の穴」という意味であるが、何も怪しげな体験をしたというわけではない。有明海で獲《と》れるイソギンチャクの一種で、酢味噌和《すみそあ》えや唐揚《からあ》げなど郷土料理の食材として重宝されている。実際に見比べたわけではないが形が似ていることに由来する呼び名らしい。

ところで、この「穴」を意味する「す」は古く、すでに一六世紀に使用例が見られる。煮過ぎた豆腐の内部にできる多数の細かい穴や、食べ頃を過ぎた大根や牛蒡《ごぼう》などの芯にできる小さなすき間の意味は現代の共通語でもお馴染《なじ》みかもしれない。鍋料理でうっかりしていると「豆腐にすが立つ、すが入る」などと言われてしまう。一方、「鼻のす、耳のす」のようなからだの一部を表す用法は方言として九州や四国の一部に残ったようだ。

誰かが噂でもしているのか〝鼻のす〟がむずむずしてきた。

ばさろ

福岡

水泳の話をしようというわけではない。「たくさん、いっぱい」の意味に当たり、福岡のほか佐賀、長崎など九州北部で使われる。

語源は、中世から使用例がある古語「婆娑羅《ばさら》」に由来する。派手なふるまいや贅沢《ぜいたく》さを表していたが、その常識離れした度合いが方言の中で量の多さへと意味を広げたようだ。

博多の奥座敷「原鶴温泉」の玄関口に位置する『道の駅 原鶴』のメインの施設は『ファームステーション バサロ』。地元でとれた新鮮な特産品が豊富にそろっていて好評だ。「ばさら、ばさらか」と言うところもあり、「ばさらうまかラーメン」「その服ばさらかよかけん」のような強調の用法もある。なお、長崎では、「あんたの仕事ばさらっかね」のように、「ずさん、おおざっぱ」の意味に当たる使い方もある。

この猛暑で、いくら〝ばさら〟暑いと言っても、冷たいものばかり〝ばさろ〟取り過ぎないようにご注意を。

ふのよか

福岡

福岡空港の土産物店で見つけた「麩《ふ》のよかラスク」。九州で広く使われる「運がいい」という意味の方言「ふのよか」と「お麩」をかけた縁起の良い菓子だ。この「ふのよか」、宝くじが当たるような運に左右される場合だけでなく、物事がうまくいった時の手ごたえが「いい感じ」の状況でも使えるようだ。若者風に「ラッキー！」といった感覚も表現でき、実に使用の幅が広いのである。逆に、運が悪かったりついていなかったりした時は「ふのわるか」と言う。

「ふのよか」の「ふ」は護符などと同じ「符」で、「めぐり合わせ、運」の意味で室町時代から使用例が見られる。また、当時からすでに「ふがよい」「ふがわるい」といった表現も使われており、運の良し悪《あ》しに一喜一憂する様子は今も昔も変わらないようだ。

なかなか運に恵まれることはないが、最近、四粒入りの枝豆に当たってささやかな〝ふのよか〟を味わったことを思い出した。

がばい

佐賀

ベストセラーになった島田洋七の自伝小説『佐賀のがばいばあちゃん』で一躍、有名方言の座へ押し上げられた強調表現。もともとは、「がばい寒か」「がばいきつか」などのように使われる。

ところが、小説のタイトルは、強調される形容詞などがなく、いわば「とてもばあちゃん」。にもかかわらず、「たくましい」とか「豪快な」様子を描いているので、一時は誤用などと騒がれた。だが、著者も意識しているように、「ゴロがいいし、ばあちゃんぽい」との感覚がヒットにつながったようだ。

全曲を佐賀弁で歌うCDミニアルバム『がばい佐賀』が二〇〇六年にリリースされ、その名前が県特産品のブランド名になったり、県内有数の進学校・佐賀北高校が夏の甲子園で初優勝した際の「がばい旋風」という表現が全国的にブームになったりと、新たな用法の勢いは止まらない。共通語でも誤用と指摘されながら、新たな意味や用法が勢いを増していくことがあるが、方言の世界でも同様の現象が起きているわけだ。

まさに〝がばいパワー〟のある方言だ。

ぎゃーけ

佐賀

以前、佐賀でバスに乗っていた時のこと。「ぎゃーけついたけん医者にいたてくっ」というお年寄りの会話が耳に入ってきた。どんな難病かと思わず聞き耳を立ててしまったが、実は「ぎゃーけ」は単なる「風邪」のことを指す。

元の形は「げーき、げーち、げけ、ぎゃけ」などとともに中部以西で広く使われる「がいき」。「咳気」の表記で平安時代の文献に登場するが、読みは「がいき、がいけ」とも。「せき」を表す「咳」に、「飾りっ気がない、嫌気がさす」などと言う時の「そのような様子、感じ」の意を添える「気《け》」がついたものだ。

江戸時代の国学者・本居宣長の随筆『玉勝間』に、「風引たるを咳気といふ事」という一節があり、「咳気」は五、六百年前の記録に見られる古い言葉で、自身も若い頃に使ったが今では聞かなくなったということが記されている。

「咳気」は当時すでに共通語の世界では衰退し、方言の中で様々に姿を変えながら残ってきたのである。

せつなか

佐賀

学生時代、佐賀出身の友人の下宿を訪ねた時のこと。「せつなかばい」と言われ、郷里を離れて寂しいのだろうと同情したが、実は「部屋が狭苦しい」という意味だったのである。九州の一部では、服のサイズが合わなくなった時の窮屈さも表すようだ。

この「せつない」、共通語の「胸がしめつけられるような気持ち」を表現する意味は古く、室町期から使用例が見られる。古来、精神的・身体的な苦しさを広く表し、意味を広げた用法が各地の方言に残っている。

東北で「階段駆け上がってきてせづね」と言えば「息苦しい」、九州や東北で「ぺちゃくちゃとせつないわ」と言えば「やかましい」だ。関東では、生活の苦しさ、つまり「貧しい」の意味で使うところもある。

先日、なんとかボタンを留めることができたジャケットの〝せつない〟姿を鏡で見てしまい、つくづく体の衰えを実感した。なんだか〝せつない〟気持ちになってしまったのである。

つーつらつー

佐賀

佐賀特有の擬態語だ。擬態語とは、物事の状態や身ぶりなどの感じをいかにもそれらしく音声にたとえて表した言葉。風の吹く様子を「そよそよ、びゅーびゅー」と表現するだけで風の強さがわかるし、飲食店の名前に「つるつる、じゅーじゅー」などとあれば何料理の店か推測できるのである。

ところが、佐賀で「自転車をつーつらつーてこぐ」「つーつらつーと行きんしゃい」と言われてもどんな様子かわからない。共通語に置き換えると「颯爽《さっそう》と、すいすいと」といったところだが、他県民にはなかなかピンと来ないのである。また、佐賀では、「雨んざーざーざーで降いよった（降っていた）」「さっさっさーでさろく（歩く）」など、三回繰り返すタイプが多い。

ところで、佐賀市中心部にある再開発地区の名称は「どんどんどんの森」。どんどんと突き進むという意味が込められている。なお、道路標識などには「^{3}どんの森」と表記されているため、地元では、「どんスリーの森」「どんサンの森」などと呼ばれているようだ。

さるく　長崎

最近は「まち歩き」がブームで、地域活性化に利用しようとする自治体も増えつつある。一〇年前に長崎で開催された地方博覧会『長崎さるく博'06』は、観光名所を回りながら見聞を深めてもらう催しだった。閉幕後もまち歩き観光「長崎さるく」として長崎の魅力を発信する取り組みが継続されている。

この「さるく」、九州では北部を中心に広く使われ、「さらく、されく、さろく」とも言う。単に〝歩く〟のではなく「うろうろする」「～してまわる」というニュアンスがある。ウィンドーショッピングなども「さるく」だ。

元の形は「しありく（為歩く）」で、「ありく」にはもともと他の動詞に付いて「～しまわる」「～して日々を過ごす」という用法があった。「あゆみありく」「思ひありく」といった用例が平安時代の物語や随筆に多数見られる。形を変えた「さるく」が、江戸時代にはすでに九州の言葉として意識されていたようだ。

いずれにせよ、夜中に〝さるく〟と怪しまれるので気をつけたい。

そぼろ

長崎

一般に「そぼろ」と言えば、サケやタイなど魚のほぐした身、ひき肉、すりつぶした豆腐などに味をつけ、炒《い》り煮にしたものだ。そぼろ丼、ナスのそぼろあんかけなど料理のレシピも多い。

ところが、長崎市内で出合った「そぼろちゃんぽん」。ひき肉が入っていると思いきや、存在感のある大ぶりの肉や野菜がたっぷり入っていたのだ。実は、長崎の「そぼろ」は、細切りにされた豚肉を、コンニャク、ゴボウ、モヤシなど野菜に加え、甘辛く炒《いた》めたもの。ルーツは、「浦上そぼろ」とされる。浦上天主堂を中心に、キリシタンの神聖な雰囲気が漂う浦上地区の郷土料理だ。日本人の健康を気遣ったポルトガル人宣教師のアイデアで生まれたと言われている。ごはんのおかず、酒のつまみ、給食のメニューと世代を超えて愛されている。家庭料理の残り物の食材を活用することもあり、名前の由来は、ポルトガル語で「余り物」を意味する「ソブラード」とも言われる。

食事の際、「いただきます」と言う前に十字を切る仕草《しぐさ》をしてしまいそうだ。

ばらもん

長崎

インドの宗教やカースト制度の話をしようというわけではない。長崎県の西に位置する五島列島の方言で、「元気で活発な人」「暴れん坊」などの意味で使われる。威勢のいい様子を表す形容詞「ばらか」＋「もん（者）」が縮まった言葉だ。

共通語で「〜い」となる形容詞が「うまか、寒か」のように「〜か」となるのが九州に広くみられる特徴だ。筋を通すためにがむしゃらに向かう様子を表すことが多いが、度が過ぎると「そんなばらかことばせんと！」と叱られてしまう。

島を舞台に描かれた漫画『ばらかもん』には地元の方言や文化がふんだんに登場し、作者の郷土愛が伝わってくる。最大の島、福江島に古くから伝わる「ばらもん凧《たこ》」。絵柄は鬼退治の伝説を表現する勇壮なもので、彩りも鮮やかな大凧だ。大空に舞う時に発するうなり声が子供の厄を払い、健やかな成長と立身出世を祈願すると言い伝えられている。

『五島長崎国際トライアスロン大会』の愛称は〝バラモンキング〟。まさに五島を象徴する方言としての勢いが感じられる。

よんにゅ　長崎

長崎・雲仙温泉や島原半島の観光スポットを紹介するサイト『よんにゅ Unzen』。ご当地の魅力をたっぷり満喫できる旅をサポートする。「よんにゅ」は、「数量の多いさま、程度がひとかたでないさま」を表す。佐賀や熊本の一部でも使われ「よんにゅー、よんによ、よんの」などの言い方もある。

江戸時代の方言集『物類称呼《ぶつるいしょうこ》』の「多いと云事《いう》」の項には「肥州にて、よんにやうと云　是は余饒也《よにやう》」とあり、当時は佐賀、長崎、熊本の方言と意識されていた。この「余饒」は「よじょう」とも読み、古代中国の歴史書では「ありあまって豊かなこと」を表していた。大陸から伝わってきた漢語が形を変えて方言に残っているわけだ。

本来の意味を受けて「お正月はよんにゅ飲み食いした」のように、他と比べてかなり多いというニュアンスで使うという人もいる。

今年はオリンピックイヤー。〝よんにゅ〟盛り上がる年になりそうだ。

あくしゃうつ

熊本

物事がうまくいかずに困り果てたり途方に暮れたりした時の心情を表すが、意味は広い。手詰まりになって「もうやってられない！」とのニュアンスを含む場合もある。相手の言動に怒って「あやつにはあくしゃうったばい」と言えば、若者風に「ムカついた」がぴったりくるかもしれない。九州各地に「あくさいうつ」の形があるが、熊本では「甘い↓アミャー」「買い物↓キャモン」のように、「アイ」の音連続が「ヤ（ー）」に統合する規則が適用されている。

この「あくさい」、「悪相、悪性」など諸説あるが、平安時代に「災《わざわい》」が「どうにも処置のしようのないこと」を表していたことから、それを強調する形で「悪災」という語が生まれたとも考えられる。「打つ」は「心を打つ」と言う時の「大きな衝撃を与える」ことを意味する。

なお最近は、合コンに参加した後、「がっかり」の意味で〝あくしゃうつ〟とため息をつく女子たちもいるようだ。

あとぜき

熊本

「あとぜき」とは、熊本県内の飲食店や公共施設の出入り口でよく見かける注意書き。学校の教室や職員室の扉にも貼られていることが多く、熊本県人には定番の表現だ。

意味は、「扉を開けたあとは閉めなさい」。この仮名四文字にそれだけ多くの情報がこめられているとは実に使い勝手の良い言葉である。たまたま訪れた図書館のドアには、「開放厳禁」とともに記されていた。「開放厳禁」だけでも注意喚起の効果は十分にあると思うが、地元民には物足りないらしい。

語源は、「戸を開けたあとをせく」で、その「せく」は奈良時代から使われている古語の「せく（堰く、塞く）」に当たる。もともとは「水を堰きとめる」意味で使われていたが、次第に扉を開けた後に生じた空間を「塞ぐ」という意味に広がっていったようだ。単に「戸を閉める」意味の「せく」は九州全域で使われるようだが、「あとぜき」となるとなぜか熊本限定の表現なのだ。

熊本県人は、県外で使って初めてよその地域で通じないことに気づくらしい。

うーばんぎゃ

熊本

驚いた時の叫び声とも、ヒーローが変身する時の掛け声とも想像は膨らむが、実は熊本の方言で「大ざっぱ、いいかげん」という意味だ。店名に利用している飲食店もあるが、堅苦しくなく気軽に立ち寄れる店ということで、決していいかげんな料理が出てくるわけではない。

熊本方言は、古語の「あがいな、そがいな、こがいな、どがいな」が「あぎゃん、そぎゃん、こぎゃん、どぎゃん」となって、ぎゃーぎゃーうるさいなどと言われることもあるが、「～がい」が「～ぎゃ」と変化するのがルールなのである。「たいがい」は「たいぎゃ」だ。となれば、「うーばんぎゃ」の「ばんぎゃ」は、「普通とはかけはなれて異なっていること」を表す「番外」。さらに「うー（大）」で強調して「大ざっぱ」を意味するようになったのである。

「大番外」は豪快で勇ましい九州男児と結びつきそうだが、「うーばんぎゃ」となっては「草食系男子」に〝変身〟してしまうような気がする。

はいよ　熊本

威勢のいい声が飛び交う寿司店を話題にしようというのではない。熊本では、丁寧に依頼する時、「道ば教えてはいよ」「荷物置かせてはいよ」などと言う。動詞に「てはいよ」と添えることで「〜てください」に当たる一種の敬語表現だ。

県内の一部や徳島、高知などに「〜てはいりょ」の言い方もあることから平安時代の古語「はいりょう（拝領）」に由来する。元は「畏《かしこ》まって是《こ》れを拝領す」のように、目上の人や身分の高い人から物を「いただく」ことを表していた。後に方言の世界で「はいよ」の形や「〜てはいりょ（はいよ）」の用法が生まれるが、「お土産ばはいよした」のように本来の用法も残っている。

元気に返事をしているものと誤解し、丁寧な応対に気づかなかったとの県外者の失敗談も聞く。様々な啓蒙《けいもう》活動に方言メッセージは有効だが、「外出は控えてはいよ」と呼びかけられても簡単に〝はいよ〟とはいかないようである。

だれやめ

大分・宮崎

大分、宮崎を中心に使われている「晩酌」を意味する方言である。「だれやみ」とも言う。店名に利用している居酒屋もあり、認知度は高い。鹿児島以南では「だいやめ」「だいやみ」と形を変えている地域もある。

どうもだらだらと飲み続けてしまいそうな語感であるが、「だれ」は、これらの地域で「疲れ」を意味する方言なのである。「やめ」は「止める」、つまり「だれやめ」とは「一日の疲れを取る」ということになる。左党にとっては実に心強い語源だ。まさに酒を飲むための口実用として生まれてきた言葉のように思える。「酒は百薬の長」などと、ことわざを振りかざすよりも説得力のある言い訳ができそうだ。もちろん、九州ではサラリーマンの懐にやさしい「だれやめセット」をメニューに並べている店も少なくない。

しかし、疲れた後のちょっと一杯は明日への活力になっても、いっぱい飲んでしまうと疲れが残ってしまうのでほどほどに。〝だれ病め〟になってしまっては元も子もない。

よだきー　大分・宮崎

大分の〝横綱〟格の方言として紹介されることが多いが、隣の宮崎でも幅広く使われている。

宿題がたくさん出された時、悪天候の中を遠くまで出かけなければならない時などの、「おっくうだ、気が重い、面倒くさい」気持ちを一言で表現できる便利な方言だ。若者風に言えば「かったるい」といったところだろうか。やる気のなさが漂う言葉だが、そうしたマイナスイメージも「よだきー」の語感に包み隠されてしまう。日常的によく使われるからといって両県には怠け者が多いというわけではないので誤解のないように。ちなみに、大分の県民性を自虐的に「ヨダキイズム」と呼ぶこともあるが、その背後には、積極的に物事に取り組んでいこうとの自戒が込められているのかもしれない。

元の形は古語の「よだけし」。『源氏物語』でも使われている。一〇〇〇年も前に京の都で使われていたわけで、思わずやる気のなさそうな光源氏の姿を想像してしまう。

毎週毎週コラムを執筆するのは「よだきー！」と言ってしまっては不謹慎か。

いっすんずり

大分

コロナ禍で迎える秋の行楽シーズン。例年通りとはいかないが、週末に道路が大渋滞する様子を大分では「いっすんずり」と言う。厳密には渋滞して、車が少しずつ進む様子を表すらしい。車だけでなく、人気店の行列などにも使うという。「いっすんずり」の「いっすん」は「一寸法師」の「一寸」で約三センチ、平安時代から使われている単位だ。室町時代以降、距離、時間、量などがわずかであることを表す用法が生まれた。「一寸先は闇」といっても決して三センチ先ということではないのである。

「ずり」は動いたり進んだりすることを意味する古語の「ずる」。その用法は大分の方言に残り、渋滞で車が全く進まなければ「ずらんなあ」とため息が漏れる。

列がちょっとずれているだけでも気にする几《き》帳面《ちょうめん》な知人を思い浮かべ、〝いっすんずり〟で車が三センチ前に進んでも気づくものなのかと、ついつい気になってしまった。

めんどしー　大分

「人前で話すのめんどしー」。大分でも若い世代では「めんどくさい、わずらわしい」の意味に捉えられることが多いようだが、もともとは「恥ずかしい」の意味で使われる。

　語形からも推察できるように「面倒」に由来する言葉だ。室町時代に「手間どうな（労力を無駄に費やすこと）」「隙《ひま》どうな（時間が長くかかること）」などの言い方があることから、「〜どうな」に「無駄に浪費する」意味を添える働きがあったことがわかる。つまり「めんどー」は「目＋どうな」で、「見るのも無駄なことだ」ということから「見苦しい、体裁が悪い」状態を表していた。江戸時代になると「めんどしー」の形が現れ、方言の世界では見苦しい状況が「恥ずかしい」と捉えられるようになったわけだ。

　近年、人前で挨拶する〝めんどー〟な機会が増えたが、厚かましくなったせいか〝めんどしー〟と感じることは少なくなった気がする。

てげ

宮崎・鹿児島

「とても、非常に」と強調する時に使う方言。さらに強めたい時には「てっげ」と言うこともある。

しかし、二つ重ねれば強調の意味が増すかというとそういうわけにはいかない。「てげてげ」となると、共通語の「いいかげん、適当、ほどほど、大ざっぱ」などの意味に変わってしまう。「てげてげ好き！」と言われたら喜んではいられないのである。宮崎県内の国道で見かける「てげてげ運転追放運動」の看板は、運転中のわき見や考え事など、緊張感の欠如による交通事故の防止がねらいだ。

「てげ」は「大概」が変化した言葉。共通語で「冗談もたいがいにしなさい！」というところを、宮崎や鹿児島では、「てげてげんしちょけよ」「てげてげせんか」と繰り返して表現することになる。しかし悪い意味ばかりではない。南国特有ののんびりとしたほどよい感じを好意的に表現することもある。「てげてげ」という店名の飲食店が多いのもそのためだ。決して〝いい加減〟な店というわけではない。ほどほどが〝良い加減〟なのかもしれない。

あば

宮崎

宮崎市内のホテルで館内案内に目をやると、パーティーホールの名称が〝アバ〟。一九七〇年代に大ヒットしたスウェーデンのポップグループ名にあやかったのかと思いそうだが、「新しい」を意味する方言なのである。

農林水産省の九州農政局が発信する宮崎地域情報ネットワークが〝あばネット〟と名付けられるなど、宮崎では新しさをアピールする際に利用されることが多く、熊本の一部でも使われている。新しい服や自転車は「あば（ん）服」「あば（ん）自転車」。新品を初めて使うことは「あばおろし」と言う。

ところで、中部地方の「あば」は「さようなら」を、東北地方の「あば」は「母親」を意味し、同じ音形の方言が各地に散らばっていてややこしい。共通語にも、別れの際に使う俗っぽい挨拶「あばよ」があるが、これは、幼児語から生まれた言葉だ。

新品の靴で現れた他県の知人に「おニューだね！」のつもりで「あばだね！」と声をかけたら、いきなりサヨナラと言われたと思い、怒って帰ってしまったというエピソードもあるようだ。

～こっせん

宮崎

宮崎の若者がおもに使う方言。地域によっては「～ごっせん」とも言う。「てげ、よだきーこっせん？」と言えば、「チョーだるいよねぇ？」といったところだ。

この「～こっせん」、文末に添えて相手に軽く同意を求めながら尋ねる時に使う。文末を上げるイントネーションで、「あそこの角にコンビニあったこっせん？」「あの子かわいーこっせん？」「新作の映画、はよ見たいこっせん？」と言えば、「～だよね？」「～じゃない？」「～と思わない？」のようなニュアンスでそれぞれ問いかけているわけだ。

この言い回しには、「～ことない」「～こつねー」「～ごつねー」などのバリエーションが豊富であるが、これらが元の形に近い姿だ。つまり、「～こと（ごと）ありはしない」が、「～こつ（ごつ）あらせん」を経て「～こっせん（ごっせん）」になったと考えられている。ちなみに「～ごつ」は、「～のごとく」に由来する形で、九州では広く「～のように」の意味で使われる。

ところで、このコラム〝おもしれーこっせん？〟。

けしんかぎー

鹿児島

鹿児島出身のシンガーソングライター長渕剛の『気張いやんせ』を聴いた時のことである。方言が登場する歌詞の一節「いっどどまけしんかぎいきばいやんせ」がどうにも理解できなかったことを思い出す。「いっどどま（＝一度は）」「けしんかぎい（＝死にものぐるいで）」「きばいやんせ（＝がんばりなさい）」の三つの表現に分けられると知って驚いたものである。この「けしんかぎー」は「け死ぬ限り」が変化した言葉で「死ぬ気で、精一杯」という意味に当たる。

お母さんたちが「けしんかぎーやらんね」などと子供を叱咤《しった》激励するのに良く使われる。また、決死の覚悟で物事に全力で取り組むとの強い姿勢を表明する際や、応援メッセージを送る際にもぴったりの表現のようだ。「けしんかぎーおはんを守ってな」などと告白されたらたまらないかもしれない。

いよいよ受験シーズンがスタート。〝けしんかぎーきばれ！〟とエールを送りたい。

ちゃじょけ

鹿児島

茶菓子を添えないで茶だけ出すことを「空茶《からちゃ》」と言うように、茶には茶請けが欠かせなくなっている。鹿児島ではこの「お茶請け」のことを、「ちゃじょーけ、ちゃじよけ」と言う。副食物、つまりおかずのことを「しょーけ（塩気）」と言うことから「お茶の塩気」という発想だ。

お茶請けには和菓子がつきものだが、甘くても「塩気」なのである。何とも不思議な感覚だ。ただ、田舎では漬物がお茶請けになるように、「漬物」を「しおけ、しょーけ」と言う地域も全国に点在している。焼酎を飲む時の酒の肴《さかな》は「しょちゅんしょげ」だ。

ちなみに、鹿児島では鮮魚のことを「ぶえん（無塩）」と言う。保存するための塩を用いていないことに由来する鎌倉時代の古語だ。郷土料理店のメニューなどでは「本日の無塩」と称して新鮮な刺身が並ぶ。

〝ぶえん（無塩）〟を〝しょーけ（塩気）〟に酒を飲むとは何とも妙な気分である。

ふむ

鹿児島

「靴をふむ」、共通語では靴のかかとをつぶしてスリッパのように靴を履くことを表すが、鹿児島を中心に宮崎、熊本など九州の南部では、単に「靴を履く」ことを表す。足袋、靴下など「ふむ」物は多いが、スカートは「着る」と言う。足全体を覆っていることが必要なようだ。

一七世紀初頭刊行のキリシタンの宣教師が編纂《へんさん》した『日葡《にっぽ》辞書』には九州での用法であることがすでに記されており、古くから方言的な用法と意識されていた。

わらじのような足の甲の部分を覆わない履物が一般的だった時代には、おそらく上から足を乗せる「ふむ」という感覚だったのかもしれない。やがて足を覆うような履物が登場してからも、方言の中では「ふむ」が意味を広げて残ったというわけである。

ちなみに青森では「ふむ」が「蹴る」の意味で使われる。建物の入り口に「スリッパをふんで下さい」との張り紙を出したらまさに〝ふんだりけったり〟かもしれない。

おろ〜

九州北部

接頭語と呼ばれるもので、九州北部の福岡、佐賀、熊本、大分を中心に使われる。後ろに続く言葉に「少し、わずか、不完全に」などの意味を添え、十分ではない状態を表す。使い方が難しく、「おろいい」「おろいか」「おろ良か」などと言うと、「良い」とは逆の「悪い」ことを表すのだ。また、「おろ痛うなった」と言えば、少し痛くなったということではなく、痛みが和らいだ、つまり痛くなくなったという意味だ。

この「おろ〜」は平安時代から使われている古語で、『宇治拾遺物語』や『今昔物語』に、「おろねぶる」「おろ癒《いゆ》る」などの用例が見られる。それぞれ、「軽く目をつぶる」「傷がいくらかよくなる」という意味だ。当初は「少し〜」との意味だったが次第に後続の言葉を否定する用法が生まれた。方言の世界でも、質が劣っていたり、古くなったりした様子も表し、「おろいか建物」は「古くなった建物」、「おろいい車」は「おんぼろ車」という意味で使われている。

この方言は他県民が使うには〝おろやさしい〟。

がまだす

九州

「頑張る、精を出す」という意味で、鹿児島を除く九州全域で広く使われるが、その前向きな意味ゆえに、各地がこぞって地元を代表する方言としてアピールしている。商品、店舗、施設の名称など様々な場面で引っ張りだこだ。

熊本の方言グッズでは〝くまモン〟が「がまだせ！」とエールを送る。宮崎の『高千穂がまだせ市場』は、地元の物産や情報の発信に力を合わせて頑張ろうとの命名だが、元気がみなぎるパワースポットでもあるようだ。長崎・島原の『雲仙岳災害記念館』の俗称は『がまだすドーム』。噴火災害から立ち上がろうとの強い思いが込められている。

「がまだす」の語源については、江戸時代後期の福岡・久留米藩の方言辞典に「我慢出す也」と記されているが、不動明王が悪魔を降伏させる時の形相「降魔（ごうま・がま）の相」を「出《いだ》す」という仏教用語に由来するとの説もある。力を込めて頑張る時には顔つきが険しくなることと関連しているようだ。

年度も新しくなったことだし、ここは九州人にならって〝がまだすばい！〟

いじ

沖縄

那覇市の南、漁港の町として知られる糸満市。毎年旧暦五月四日には、豊漁と航海の安全を祈願するウミンチュ（漁師）の祭り『糸満ハーレー』が開催される。その祭祀《さいし》が執り行われ、氏神が祀《まつ》られる白銀堂には古くから伝わる格言がある。

「いじ（意地）ぬ　っんじらー　てぃー（手）ひち、てぃーぬ　っんじらー　いじひけー」。

アラビアンナイトに出てくる呪文のようだが、「腹が立っても手を出さないようにし、手が出そうになったら心をしずめよ」という意味だ。つまりここでの「いじ」は「怒り」を表している。

「意地」は平安時代から「自分の主張や行動をおし通そうとする心」との意味がみられる。むしろ、現代の共通語で使われている意味が古いということになる。また、沖縄方言の「いじ」は「勇気」の意味も表す。勇気を持って大胆に行動する人は「いじゃー」と言う。

沖縄の亜熱帯気候のせいでもあるまいが、自身の気持ちが次第に熱くなって「怒り」や「勇気」の意味が生まれたように思えてしまう。

じらー

沖縄

沖縄の土産物店などで真空パックの豚の顔が売られているが、あれは決して魔除《まよ》けの飾りではない。「ちらがー」と呼ばれるれっきとした食材で、「ちら」は「顔」を意味する「面《つら》」が変化したもの、つまり、「面皮」ということだ。

平安時代には、「つら」は顔一般の意味を表していたが、次第に他人の顔をののしって言う場合に限定的に使われるようになる。現在でも、「面の皮が厚い」「面汚し」などの慣用的な表現の中で使われる。

「ちら」がさらに変化して生まれたのが「じらー」。色黒で彫りの深い風貌を「うちなーじらー（沖縄風の顔）」と表現したことから、若者たちの間で「じらー」が「～風」や「～みたいな」という意味で使われるようになった。さらに、東京の若者たちが、「みたいな」を「なんちゃって」のような意味合いで使い始めたのと同じ発想で、何かを言った後に「じらー」を添えることで、その発言が冗談や誇張、ウソなどであったと、ちゃかしたりごまかしたりできるのである。

「この連載、今回で終了、じらー」

とぅるばる

沖縄

東京では猛暑日が続くが、意外にも、南国・沖縄では海風が暑さを緩和してくれるらしい。そんな沖縄で耳にした〝とぅるばる〟。外国語のような響きだが、沖縄方言特有の発音なのだ。ぼんやりしていることを表し、「〜ばる」は「よくばる」など前面に押し出す働きをする。いつもぼーっとしている人のことは「とぅるばやー」と言う。

語源だが、沖縄では、「くぅとぅば（言葉）」のように共通語のオ段の音がウ段に変わる。この規則を当てはめると、ねむけを催してぼんやりした様子を表す「とろとろ」が関わっているかもしれない。「とぅるとぅる」と形を変えたとたんに動きが活発になるような語感になるがそんなことはないのである。「とぅるとぅるすん」は「うとうとする」だ。

最近は言葉に関する様々な質問を受けることが多い。専門家としてきちんと答えられないと、チコちゃんに「とぅるばってて生きてんじゃねーよ！」と叱られてしまいそうだ。

ぱり　沖縄

沖縄・宮古島で「ぱり」と言えば、花の都ではなく、「畑」のことを指す。

スーパーには、「畑（ぱり）キッチン」のロゴマークが貼られた地元産の野菜が並ぶ。農家のグループが島内の新鮮で安全な美味《おい》しい野菜を提供している。

観光スポットの一つ、宮古島熱帯果樹園『まいぱり』。東洋一美しいとされるビーチ「前浜《まいはま》」に隣接し、マンゴー、パイナップル、バナナなど様々なトロピカルフルーツで〝ぱり〟を満喫できる。

実は宮古では、「ぱな（花）」のようにハ行の音がパ行で発音されることから、「ぱり」の由来は、開墾することを表す古語の「墾《は》る」だと言われている。名詞形の「墾り」が生まれ、開墾した土地から「畑」の意味へと変わっていった。一枚一枚の畑だけでなく耕作地一帯も表す。さらには、原野の意味にも広がり、九州・沖縄には、「原」の字を当て、「高原（たかはる）、南風原（はえばる）」など「～はる」「～ばる」と読む地名が、軽く調べても一〇〇近くあった。

ともあれ、温暖な気候の中、気軽に〝ぱり〟まで散策に行けるのがうらやましい!?

ゆくる

沖縄

『おんなの駅』。女性専用車両はまだしもこんな駅まで登場したのか、と突っ込まれそうなところだが、実は沖縄の恩納村《おんなそん》にある国道沿いの休憩施設の名称である。海ぶどうなどの水産物のほか、生産者から毎日届く新鮮な農産物、特産品を売る「恩納村農水産物販売センター」を兼ねた施設で、正式名称は『なかゆくい市場　おんなの駅』。

沖縄では「休む。ひと息入れる」ことを、方言で「ゆくる」「ゆくい」と言う。ドライブの途中で疲れたら「ゆくっていきましょう」という意味を込めたネーミングだ。自宅の前を通りかかった知人に「ゆくてぃいかにー（休んでいかない）」と声をかけたり、就寝の際には「ゆくいみそーれ（おやすみなさい）」など、挨拶の言葉としても使われる。

また、那覇市などで配布されるクーポン付きタウン情報マガジン『yukurupon（ユクルポン）』をはじめ、カフェ、料理店、ゲストハウスなど、くつろぎの場を提供する施設の名称にも大人気の方言。いかにもゆったり感の伝わってくる言葉だ。

共通語な方言

ものの呼び方 東vs西

大阪から上京してきた友人と居酒屋に行った時のことである。注文した肉じゃがが運ばれてくるやいなや中を覗き込み、「なんやこれ、肉ちゃうやん、豚やんか！」と叫んだのである。頭をよぎるのは関西の公式「肉＝牛肉」。この公式を当てはめると、豚肉の入った中華まんじゅうも「肉まん」とは呼んでもらえない。あくまでも「ぶたまん」なのである。そう言えば、お好み焼き屋のメニューにも「肉天、肉玉」と並んで「豚天、豚玉」と書かれている。カレーの肉も、肉うどんの肉も牛肉が標準なのである。牛丼屋が全国に広がる以前は、どんぶりご飯の上に牛肉をのせたものを「肉丼」と呼んでいたと聞けばまさに「肉＝牛肉」は鉄板の公式である。

江戸、上方と並び称される時代から東京と大阪に代表される東西の違いはしばしばクローズアップされてきた。

「食い倒れ」の名にかけて、チャーハンは焼きめし、串揚げは串カツ、炊き込みご飯はかやくご飯、今川焼きは回転焼き、メンチカツはミンチカツ、かけうどんは素うどん……と

対決姿勢はとどまるところを知らない。東京の「そば・うどん」の看板も関西では「うどん・そば」と並びが入れ替わる。いかにも東のそば文化と西のうどん文化の対立の象徴だ。

実は古典落語の演目「時そば」も、もとは上方落語の「時うどん」が原型だったとくれば「うどんvsそば」の対立は筋金入りだ。店内での注文にも注意が欠かせない。大阪では、甘辛く煮た油揚げがうどんにのっていれば「きつね」、そばにのっていれば「たぬき」に決まっていると言われれば何か化かされたような気になってくる。ちなみに味付けしていない揚げを細かく刻んで具にしたものは、うどんもそばも「きざみ」と呼ぶからややこしい。さらに、京都の「たぬき」は、刻んだ油揚げをうどんにのせ、生姜仕立てのあんかけのつゆをかけたものを指すというから複雑だ。

東京の「たぬき」は、天ぷらの種を抜いたもの（コロモだけ）を「種抜き」と呼び、それが縮まって「たぬき」になったらしい。関西では「揚げ玉」などとありがたい名前は通用しない。その名もズバリ「天かす」なのである。もともと天ぷらを揚げた時の副産物であるから、大阪ではサービスとして提供され、入れ放題なのだ。その「かす」をいれた「たぬき」をメニューに加えたのは東京が発祥とくれば首都と言えども肩身が狭くなる。

麵のつゆは関東の「鰹だし＋濃い口醬油」に対抗して「昆布だし＋薄口醬油」。日清食品の「どん兵衛」、も東洋水産の「マルちゃん」も東西でつゆの味を変えて販売しているというから驚きだ。

恐るべし関西！

先生、だいてくれるんですか?

とある女子大の昼休み。中庭を歩く教授に向かって「先生、一緒にランチしましょう!」と声をかける学生のグループ。「いいよ、ペーパーバン(大学前の洋食屋)で食べようか」と応じる教授に甘えた口調で「先生、だいてくれるんですか?」とおねだりする学生。思わず「じゃ今日は特別だぞ」とにっこり微笑む教授。はたから見ればとてもとても教授と学生の尋常なやり取りとは思えない。「やれセクハラだ」「いやあうらやましい」などとやじ馬の声が飛びそうな光景だ。実はこの〝不規則発言〟の学生の出身地は富山。種を明かせば富山では「おごってくれる」ことを「だいてくれる」というのだ。

「(お金を)出してくれる」が変化した形なのである。共通語では本来、サ行に活用する動詞が「~て」「~た」に続く時には「出して」「指した」のようになる。ところが西日本の広い範囲では「指いた」「出いた」となるのだ。カ行に活用する「書く」が「書いた」となるイ音便と呼ばれる現象がサ行にも起こっているというわけだ。密やかな展開を期待した諸氏にはなんとも消化不良の結末になってしまったかもしれない。富山では上司の

「今夜はだいてやるぞ」との誘いに男性社員も大喜びするのである。

出身地が異なるだけでとんだ誤解を生じかねない、似たような例は他の地域でも見られる。場所は変わって広島県の電車内。若い女性の隣に座る中年男性がさかんに「ええがにいかん、ええがにいかん」とつぶやいている。いい歳して車内で映画に誘うとは大胆なナンパだと感心（いや心配）しながら眺めていると、当の女性は全くの知らん顔。それでもつぶやきつづける中年男性。よくよく見ると隣に向かってではなくスマホの画面に向かってつぶやいているではないか。どうもゲームがうまい具合にいかないらしい。

そう「ええがにいかん」は「映画に行かん」ではなく、「いい具合にいかない」が「ええぐあいにいかん」→「ええがにいかん」と変化していった形なのである。地元の女性でひと安心、もし隣に県外からの観光客が座っていたらどんな展開になったのだろうか。

「離合困難」、何が困難？

「離合困難」、京都の郊外に堂々と立てられている道路標識である。警察署の記名もあり公共性が極めて高い。にもかかわらず、そこに書かれている内容はよそ者には全く意味不明なのである。お上が発する情報がチンプンカンプンとはどういう了見だ！　そんないちゃもんをつけたがる輩《やから》もいるに違いない。脇に添えられた「幅員狭小」。カタカナ語の氾濫はけしからんとの風潮もあるが、漢字のオンパレードも厄介だ。気を取り直して「幅員狭小、離合困難」を何とか解釈すれば、道幅が狭いので進入していくと何か困難なことがあるのだろうと予測はつくのだが。しかしこれはドライバー向けの情報。悠長に意味を解釈している余裕もあるまい。文句を並べ立ててはみたものの、地元では意思の疎通に全く支障はないのである。まさに「離合」は共通語として活躍しているのだ。

さて、この「離合」とは「狭い道で車がすれ違う」という意味で、警察や自動車学校ではごく当たり前の表現らしい。狭い道では「離合注意」「離合場所」という標識があったりするようだ。遠隔の福岡、大分でも普通に使われているが、西日本のところどころで目撃したとの声も耳にする。よくよく調べていくと昔から鉄道の世界では普通に使われていることがわかる。インターネットで鉄道ファンのサイトを覗くと、「E231系と211系との離合」のように、列車同士がすれ違う瞬間を捉えた動画や画像が、まさに〝美〟を競うがごとくアップされているではないか。鉄道ファンにはその「すれ違い」がたまらないらしい。鉄道の世界だけではない、国土交通省の事業報告書の中には「離合困難箇所を解消する道路整備」との表現が多々見られる。なんと「離合」は交通の世界における共通語だったのである。

それにしても「離合集散」という四字熟語なら馴染《なじ》みはあるが「離合」とは聞き慣れない。ちなみに国語辞典を引いてみると、採録されてはいるが「離れることと合うこと」との文字通りの説明だけで、「すれ違い」の意味は記述されていない。いずれにしても専門用語が地域限定で一般に開放されてしまったのである。

テレビ放送終了後のザーザー

中学生の頃、「テレビ番組の放送がすべて終了した後の深夜になると、『砂の嵐』というすごい番組が海外から流れてくるらしい」という噂が広まったことがある。眠い目をこすりながらテレビの前に座っていると、当然のことながらそこに待っているのは、電子顕微鏡によるバクテリアの拡大写真のような画面と耳障りなノイズ。それでもすぐには騙されたと疑わず、もしかしたら海外の電波は受信状態が悪いのではないかと、目を細めたり画像調整のつまみをいじったりとあれこれ必死になった覚えがある。その苦い経験からほどなくして、あのようなTV放送終了後の状態を「砂嵐」と呼ぶことを学習したのであった。「スノーノイズ」と呼ぶこともあるようだ。

その「砂嵐」の様子を言葉で表現すれば、誰もがザー、ザーザー、ザザーなどと言うに違いない、などと思っていると、なんと福井ではジャミジャミと表現するのだ。あの様子をどうしてジャミジャミと感じるのか、あるいは福井県人にはジャミジャミと聞こえてしまうのか、なんとも不可思議である。よもや福井だけに特別な電波が飛んでくるわけでもあるまい。

　いろいろ調べていくと、北陸地方の古い方言に「じゃみじゃみ」という言葉があり、「織物の織り目のはっきりしない様子」を表していたらしい。見方によっては「砂嵐」と似ているようにも思える。また、福井を含む西日本の広い地域では「お手玉」を意味する「おじゃみ」という方言が使われている。語源はお手玉の中味である小豆の擦れ合う音に由来するという説もあり、こちらも何か関連があるかもしれない。

　ちなみに沖縄では「ジラジラしてる」と表現するようだ。
　擬音語や擬態語で表現される様子は、誰もが同じ感覚で捉えられそうだが、出身地が異なれば感覚も変わってくるのである。
　ところで、ザーザーもジャミジャミもジラジラも、いずれもザ行の濁音でノイズの不快感を表そうとしている点では共通しているのである。

信号〝パカパカ〟

名古屋を訪れる度に感じることは、とにかく道幅が広い。横断歩道を渡る時でも、はたして青信号の間に渡りきれるのかと不安になり、ついつい早足になってしまう。ちょっと油断してのんびり歩こうものなら、赤信号へのカウントダウン、青の点滅が始まってしまうのである。

そんな時、子供の手を引きながら小走りで横断歩道を渡る母親の声が耳に入ってきた。「信号パカパカしとるで、ちゃっと渡らんと！」。「ん?」、思わず耳を疑った。パカパカといったら牧場を馬がかろやかに駆けている様子ではないのか。「ぱかぱかぱかぱか　はしれよこうま」と、童謡「こうま」を口ずさんでみるが、どうも子馬の走るリズムと信号の点滅とはタイミングが合わないような気がしてならない。もしかしたら名古屋の信号の点滅は東京と違ってゆったりしているのか。信号を何度確認しても、その疑念をあざ笑うかのごとく東京と同じように〝チカチカ〟点滅しているのである。

信号だけではない。長期間使って古くなった蛍光灯が切れる直前に点滅を始めると、

「蛍光灯パカパカしとるで替えてくれん」と言うらしい。車のハザードランプ、留守番電話の着信ランプ、カメラのストロボ、停電時のビデオの時計表示……、愛知ではなんでもパカパカしてしまうのである。ならば、ウルトラマンのカラータイマーもパカパカするのだろうか、などと疑問は尽きない。このパカパカ、愛知だけではなく隣接する岐阜や静岡の一部でも同様の使い方をするようだ。

ところで、遠く離れた宮崎でも信号はパカパカと点滅するらしく、たまたま宮崎から愛知へ転居したために、共通語だと信じて疑う余地が無かったというつわものもいるのである。

光がまぶしいときに、共通語では「目がチカチカする」と言うが、さすがに「目がパカパカする」とは言わないようだ。「パカパカ＝チカチカ」と規則どおりにならないところに方言の奥深さを感じてしまうのである。

コマツキ、タマツキ……何が付いてる？

関西の大型スーパーをぶらぶらしていた時のことである。自転車売り場を通りかかると、「コマ付き」という表示が目に留まった。仮面ライダーの乗り物に似せた子供用自転車かと思いきや、その表示の下には補助輪付き自転車が数台並んでいたのである。

共通語では「補助輪付き自転車」とか「補助輪付き」「補助付き」などと堅苦しい言い方しかできないが、コマツキとなれば小さな子供にも馴染みやすい。練習を重ねると、「コマ無し乗れるんやぁ」などと大人たちに感心されるのである。コマツキを使う地域は、大阪、奈良、和歌山、兵庫を中心とした関西圏だ。隣接する岡山や香川、徳島にも広がっているらしい。「車輪」のことをコマという地域とほぼ一致する。同じ関西圏でも、京都、滋賀ではタマツキとも呼ばれている。なお、香川では、複合語のタスケゴマツキが生まれたり、そこから後部要素のゴマツキが独立したりと変化が激しい。

鹿児島ではハマツキ。ハマは車輪の意味の方言だ。なんと共通語のお膝元近く、栃木、埼玉でもハマツキ、ハマナシと言うらしい。確かに、『埼玉県方言辞典』には「ハマ」が

「車輪」の意味で記載されているのだ。キャスター付きのキャビネットまでハマツキと呼んでいたという輩もいるようだ。三重のワンタツキは聞きなれない言葉だが、ワンタは「輪」を意味する三重県の方言形として『日本方言大辞典』にも載録されている。愛知、岐阜ではワッカツキだが、このあたりでは若者を中心に自転車本体をケッタ、ケッタマシンと呼び、存在感を誇示している。広島、山口のコロツキは、地理的に離れた静岡にも飛び火している。ゴロツキは山梨独自の呼び名であるが、子供の乗り物にしては何やらぶっそうである。

いずれにしても、西日本では「車輪が付いている」という発想法による呼び名が多い。「〝補助〟輪」ではないという主張が感じられるのである。ところがこの車輪、東日本ではあくまで補助的な扱いのせいか、西日本の様々な言い方が箱根の山を越えるのは困難だったようだ。

痛みいろいろ

「あがっ！」。突然の叫び声。沖縄出身の友人が机の角に足の小指をぶつけたらしい。この「あがっ」は、沖縄で、体の一部を何処かにぶつけたり指を切ったりなど、とっさの痛みの時に思わず口から発する感嘆詞だ。この「あがっ」にまつわる情報を各方面で探っていたら、あったあった、見つけましたよ〝あがっラー油〟!! 沖縄産ハバネロ使用とあり、かなり辛い代物《しろもの》のようだ。宣伝文句から推測するに、「辛いを超えて痛いほど」というニュアンスをこめたネーミングらしい。

瞬時に発する言葉にもかかわらず、福岡、佐賀、長崎、熊本では「あいた〜っす」とソフトな表現になる。自分で叫びながらも、痛みを和らげようとの意識が働いているのだろうか。

さて、共通語では、痛みを表現する時に、きりきり、しくしく、ひりひり、ずきずき、といった擬態語を駆使している。「きりきり」と言えば「お腹《なか》」、「ずきずき」と言えば「頭」というように、多くの擬態語は痛い部位とも対応している。しかし、方言の中には、痛さを表現する動詞によって、どのように痛いのか、どこが痛いのかがわかる地域がある。広島、山口など中国地方で使われるのが「にがる」。「お腹がにがる」と言うと、ずしーんと重たい感じのする鈍痛を表す。痛いというよりはお腹の調子が悪いという感じだろうか。「にがる」自体は平安時代の文献から用例が見られるが、当時は「苦々しく思う」「苦々しい顔をする」という意味で使われていた。まあ、鈍痛が長引けば苦々しい顔にもなるだろう。

共通語で「痛みが走る」という言い方をするが、中国地方では歯痛を「歯がはしる」と表現する。「にがる」が体の内部でじくじくと感じる痛みだとすれば、「はしる」はむしろ体の表面に近いところの鋭い痛みを表すようだ。だとすれば、腰痛は「にがる」、擦り傷による痛みは「はしる」と使い分けるということだ。

広島、山口の「頭がわるい」も鈍痛

を表す。「頭の具合が悪い」ということだろうが、それにしても、風邪を引いたときに「頭わるいの?」と聞かれてうなずくのも複雑だ。「脳がわるい」という言い方もあるようだ。

ところで、北海道、東北、北陸や沖縄では、「昨日は頭がやんでひどかった」、「虫歯で歯がやめる」のように「やむ」、「やめる」を使う。平安時代に「傷が痛む」意で登場する古語の「病む」が周圏分布として残っているのだ。

学校の休み時間いろいろ

小学生の頃に「ギョーカン体操」なるものが行われていたことを思い出した。通常の一〇分間の休み時間とは異なり、二時間目と三時間目の間の休み時間が二〇分間あって、その時間帯に全校生徒が校庭でラジオ体操を行うのである。当時はラジオ体操の別名が「ギョーカン体操」だと信じて疑わなかったものである。「ギョーカン」が「業間」に対応すると知ったのはずっと後のことであった。確かに授業と授業の間であるから「業間」に違いないのだが、休み時間そのものを「業間」と呼んでいた記憶はない。はっきりとは覚えていないが、区別するという点で、「二〇分休み」「二〇分休み」と言っていたような気もする。千葉では後者を「業間休み」と呼ぶことが多いようだ。また、両者を区別せずに「業間」と呼ぶ地域も全国に点在する。しかしながら、教育の世界では「業間体育」なる表現もあり、もともとは学校関係者の専門用語であった可能性も高い。

東北から関東にかけての地域では、二時間目と三時間目の間を「中休み」「長休み」と呼ぶところもあるようだ。

和歌山、広島の小学校では、二〇分の長めの休み時間を「大休憩」、昼休みは「昼休憩」と呼んでいる。福井では「大休み（おおやすみ）」だ。「大休憩」「大休み」などと聞くと、小学生が授業を受けるのもかなりの重労働なのかと思ってしまう。

愛知では授業間の休み時間を「放課」と呼ぶ。したがって、「一〇分放課」「二〇分放課」などというのである。昼休みは「昼放課」だ。「二〇分放課」の代わりに「大放課」「長放課」と呼ぶところもあり、「放課」を基盤にしつつ学校ごとに呼び方が決められているのである。転任してきた教員が困惑したという話も聞く。愛知県内のとある小学校のホームページには、学校行事の記録に「長放課に長なわとび大会が行われました。一〇月から今日まで放課を使って練習を重ねてきました。」とあった。また、ある小学校の年間行事予定には「ふれあいデー（大放課・清掃）」と記されている。まさに日常生活の中で活《い》き活《い》きと使われている方言である。

　となれば、「放課後」は休み時間の後だから授業時間のことなのかという疑問も湧いてくるが、そんな心配は無用らしい。これらの地域では「放課後」という言葉を使わずに「授業後」「学校が終わった後」などと言い、混乱を回避しているのだ。

身が入ると筋肉痛？

情けないことに、久しぶりに自転車をこいだら案の定、ここ二、三日筋肉痛が治らない。特に太もものあたりがぱんぱんにはって、階段の上り下りもひと苦労なのである。

この筋肉痛の状態を、京都や大阪を中心とした関西圏では「みぃいる」とか「みぃはいる」と表現する。「よう歩いて、みぃいってしもた」「こんなキツイ運動したら明日からみぃはいるわ～」といった具合だ。『日本国語大辞典』によれば、この「身が入る」という言い方は、江戸時代の中頃から「筋肉が疲労してこわばって痛む」意味で使われていたらしい。古語が方言に残っているケースであるが、関西圏では日常的に使われている。長野や四国でも使うようだ。自転車に乗って坂道にさしかかると、思わず立ち上がってペダルを踏むという行動に出て身が入ってしまうが、その結果「身が入って」辛くなるのだからなんだかややこしい。

滋賀では「身ぃ張る」、兵庫では「身ぃがいく」とも言うらしい。

関西や中国地方の一部では「使い痛み」という言い方もある。「使いすぎて筋肉疲労を起こした状態」ということであろうが、とてもダイレクトな表現でわかりやすい。ためしに関西圏の整骨院や接骨院のホームページをインターネットでググってみると、診療内容の欄に、肩こりや腰痛と並べて「スポーツによる使い痛み」などと堂々と掲げているところが多いことに驚かされる。

福岡では、「昨日ボウリングしたけん、足がこわっとー」のように筋肉痛になることを「こわる」という。佐賀や熊本など九州で広く使われるようだ。この「こわる」は「固くなる」という意味の古語「強《こわ》る」が残っているケースだ。「身体の筋肉が疲れて固くなる」ことだと言われればわかりやすい表現だ。

いずれにしても、古語が各地で共通語のように日常的に使われていて興味深いが、運動しすぎると筋肉痛になってしまう状況は、昔も今も変わらないんだなあと感慨にふけってしまうのである。

「塩味が濃い」と感じたら

どうも関西で供される白みその味噌汁や九州の甘い醤油は苦手である。味覚は人それぞれというが、何を美味《おい》しいと感じるかは個人差だけでなく、地域差もあるような気がしてならない。天ぷらにソースをかけたり、トマトに砂糖をかけたりは序の口で、岡山ではかつ丼にデミグラスソースがかかっていたり、名古屋の小倉トースト、あんかけスパゲッティーなどなど……。まあ人それぞれなので〝意外な組み合わせ〟としか言いようがない。

かつて、ご飯にマヨネーズをかけて食べる人を見て衝撃を受けたが、最近はラー油をかけて食べるという。関西の知人が東京のうどんはつゆが「からい」とぼやくのはまだまだかわいいものだ。

この塩味の濃いことを「からい」と表現する地域は東海から西日本一帯に広がっている。東京でも上品な言葉として使うことはあるようだが。

実は塩味のきついことを意味する「からい」は『万葉集』にも用例が見られ、わさびやからしが利きすぎたときの「舌をぴりぴり刺激する感覚」よりも古い用法なのである。なんと奈良時代には酸味の強いことも「からい」と表現していたようである。どんな味にせよ、度を過ぎたものは「からい」ということだったのだろう。どんなものを食べていたのか気になるところである。

北陸では、塩味がきついことは「くどい」あるいは「しょくどい（塩くどい）」。「この漬物くどいわ」と使う。

逆に塩味が足りない時、関西では「みずくさい」と言う。一緒に食事をしている時に「なんかみずくさいわ」と言われると、どうも妙な気分になってしまうのである。この「みずくさい」、江戸時代の末期に刊行された、江戸語と大阪ことばを対照させた『浪花方言』にも記載があり、当時から関西の言葉として意識されていたことがわかる。

右をさして寄りきりかすくい投げに持っていく形でどうでしょう
例の事件も
なんで言ってくれなかったんだ水くさい!!
処分が甘すぎ
その割にしょぼい試合多かったよな…
受けとめる人によって感じ方はいろいろ…

北陸では、「しょうむない」「しょむない」などと言う。「塩も無い」から派生したことばのようだ。「しょうむ

ない塩ラーメンはしょうもない」などとおやじギャグを言ってしまいそうである。

一般には「辛い―甘い」が反対語の関係になっているが、塩味に関しては、東京で「しおからい（しょっぱい）―あまい」、関西で「からい―みずくさい」という対関係になっているからややこしい。

「しかも」「でら」「ぶち」……とても、とても元気な強調表現

「しかも旨い！」。「価格が安い上に美味しい」という意味ではない。ましてや「鹿の肉も美味しい」というわけではない。新潟の「しかも」は「とても」に当たる強調の表現なのである。「量が多い」時には「しかもか食べる」のように使う。何とも紛らわしい。

名古屋に場所を移せば「でらうま」。一九九五年から九七年にかけて製造されたKIRINの名古屋工場限定生ビールの名称にも使われている。この缶ビールの発売によって名古屋の「でら」が全国区の流行語として注目されたのである。この「でら」、実は新しい方言で、もともと関西の強調表現「えらい」に、「ど真中」「ど田舎」と言うときの強調の「ど」が付いた「どえらい」が変化した言葉なのだ。まさに強調に強調を重ねた最強の強調表現だ。名古屋の市長が「どえりゃー」と言ってる姿はテレビでもお馴染みだろう。岡山でも「でぇーれぇー」の形で使われている。

ちなみに「えらい」には「疲れた」の意味もあるので、「とても疲れた」時は「えらいえらい」と、えらいことになってしまう。

石川県の加賀地方では「てんぽに旨い！」となる。デパートの駅弁大会で見つけたのが、JR北陸本線の加賀温泉駅で販売する『てんぽにぎゅうぎゅう弁当』。牛肉が〝ぎゅうぎゅう〟たっぷり詰まっているという洒落たネーミングはユーモアのセンスが〝てんぽに〟すばらしい。「運にまかせて思いきってすること」を表す「てんぽ」に由来する言葉で、室町時代の古語の名残だ。

「めっさ」「めっちゃ」「めちゃ」「むちゃ」「むっちゃ」「ものすご」「ごっつい」、大阪を中心とした関西圏にはバラエティが豊富だ。「めっちゃ好きやねん！」などと言われた日にはグッときてしまう。松浦亜弥も『Yeah! めっちゃホリディ』という曲を歌っていた。

広島、山口では「ぶち旨い！」。山口県人の御用達は、(株)シマヤの味噌、その名も『ぶちうまい』。この「ぶち」は比較的新しい方言であるが、元の形の「打ち」は下に付く動詞の意味を強める語として奈良時代から使われていた。「ぼっけー」「ぼれー」など世代や地方ごとにバラエティには事欠かない。

いずれにしても、日常的に使用頻度の高い強調表現はどこへ行っても活力がある。

水分が多すぎたら

「わっ、このカレーしゃびしゃび！」。とても出来栄えを褒めている雰囲気ではない。そう、愛知では「水っぽい」ことを「しゃびしゃび」と表現するのである。「ゆるゆるのカレー」というわけだ。愛知のほか、岐阜、三重など東海地方では日常的に使われる表現で、「しゃびんしゃびん」と言う地域もある。本来ならもう少し粘り気があってしかるべきものの、とろみが足りなかったりゆるかったりした時に使う。ややマイナスのイメージが含まれているようで、共通語の「さらさら」とはちょっとニュアンスが異なるようだ。さらっとしたインドカレーを「しゃびしゃび」と言われると、どうもおいしそうには聞こえない。

関西では「しゃばしゃば」。その語感のせいか、さらに水っぽさを増大させている感じが伝わってくる。

音形の似ている共通語の「びしゃびしゃ」も「ばしゃばしゃ」も水と関係のある表現だから面白い。

しかし、同じ似ている言葉でも、牛肉の「しゃぶしゃぶ」となれば別格で、高級感が漂ってくる。

「どぼどぼ」。大量の液体が流れてくる感じだ。共通語の「だぼだぼ」と似ている。椎名誠の『気分はだぼだぼソース』というエッセイがあるが、やはりコロッケにはたっぷりソースをかけて食べたい。

話がそれたが、その「どぼどぼ」、福井、滋賀、京都では「雨で服もうどぼどぼや。」のようにずぶ濡れになった様子を表す。「どぼ濡れ」という言い方もあるようだ。

富山、石川では「ずぶ濡れの様子」は「ずくずく」。関西や徳島でも使われている。この「ずくずく」、実は江戸時代から使われている古語の残存だ。東京日本橋生まれの谷崎潤一郎の小説にも登場するから、使用地域はもっと広がっていたに違いない。

香川は「ずぼずぼ」。「ずぼになった」とも言う。「ずくずく」同様、ちょっと水っぽいイメージからは遠のいてきた語感だが、むしろずぶ濡れになってしまった時の気分を嫌そうに表現しているようにも感じられる。

地域限定の表現であっても、擬態語を使った言い方には共通したイメージがあるところが面白い。

いやいや今回は水っぽい話になってしまった。

「ぼとぼと」「やわやわ」……本当に「ゆっくり」？

先日、鹿児島から訪れた友人をスカイツリーに案内した時のことである。その友人がライトアップ間近の天空を見上げながらつぶやいた。「ちんちん、くろなった」。一緒にいた連中は、暑さのせいで突然、妙なことを口走ったのかと大慌て。実は、鹿児島の「ちんちん」は、物事がゆっくりと少しずつ変化していく様子を表す擬態語なのだ。日が落ちてあたりがだんだん暗くなってきた状況を表現しただけなのに、とんだ誤解を招くはめになったのである。この「ちんちん」、「ちんちん歩く」のように、ゆっくりとした動作の様態を表す時にも使われる。共通語でも、ゆったりとした動作や変化を表す時には「のろのろ」「そろそろ」など、反復形の擬態語が使われるが、方言の世界でも共通しているようだ。

徳島では「しわしわ」。「しわしわ歩きよ（＝ゆっくり歩きなさい）」のように使う。ところで、徳島県には「葉っぱビジネス」で注目された上勝町がある。〝つまもの〟、つまり日本料理を美しく彩る季節の葉や花などを扱うのだが、その担い手がお年寄りなのである。高齢者が活き活きと働ける環境を作り、町の活性化を促したことで知られる町である。その運

営会社「いろどり」が発行している広報紙の名前が『しわしわゆこう』。「ゆっくりとあせらずに行こうよ」というメッセージを込めたタイトルだという。

共通語の感覚ではイメージしにくいのが岡山の「ぼとぼと」。共通語で「水がぼとぼと落ちる」と言えば、液体が続けざまにしたたり落ちる状況を思い起こすが、岡山の「ぼとぼと」は全く正反対。むしろゆったり感を表しているのだ。「ぼとぼと歩く」という表現からは、ゆっくり歩いている状況はどうもピンとこない。

富山、石川の「やわやわ」になると、何となくのんびりした感じが伝わってきて安心する。富山のスローライフを推進する情報サイトが『やわやわいかんまいけ』。「ゆっくり行こう」という意味だ。

そもそも擬態語は物事の状態や様子などを感覚的に言葉で表現しているわけだが、その感覚にも地域差があるのは不思議である。

号令が違ったら？

「起立！　礼！　着席！」。大学ではほとんど聞かれなくなったが、授業を始める前のお馴染みの号令。号令たるもの全国共通に違いないと思いきや、群馬や宮城では、「起立！　注目！　礼！」と言うのだ。この「注目」、「気をつけ！」に当たる意味で使われているようだ。

沖縄では、「正座！　礼！」という号令で授業が開始される。と言っても、机や椅子の上にきちんと膝を折って座り直すわけではない。この「正座」、文字通り「姿勢を正しく座りなさい」、つまり「気をつけ」に当たる意味で使われている。さらに沖縄の学校では号令の際に起立しない習慣もあるようだ。琉球方言圏に位置する鹿児島県奄美大島の学校も同様だ。ちなみに共通語の「正座」、つまり「膝を折って座る」ことは、沖縄では「ひざまづき」と言っている。

体育の時間になると、全体の統制をとるために号令は自ずと多くなる。

小学生の頃は運動会が一大イベント。全校練習と称し、かなりの授業時間が運動会の準

備に充てられていた記憶がある。夏休みが終わると、運動場には号令が響き渡っていたものだ。「ぜんたぁーい、止まれ！」。さすがに車でなくても急には止まれないので、さらに「イチ、ニ！」と号令は続く。

実は、この号令までもが地域によってバラバラというから驚きだ。

福岡では、「ぜんたぁーい、止まれ！　イチ、ニ、サンシ、ゴ！」と脚の動きに合わせて掛け声をかけて止まる。慣れないと二、三歩前に出てしまいそうだ。しかし県内でもバラつきがあるようで、行進の時と駆け足の時では違うというところまである。

埼玉では「ぜんたぁーい、止まれ！　イチ、ニ、サン！」。しかし、隣町の学校に転校したら「イチ、ニ！」だったので、一人だけタイミングが合わずに恥ずかしい思いをしたという埼玉出身の学生もいる。やはりバラバラ。

全国の小学生を集めた体育大会などを催したら、統制をとるための号令によってかえって全体のまとまりがつかなくなってしまうような気がしてならない。

ところで、福岡には面白い習慣がある。体育の時間などで、「立て！」と号令がかかると、生徒は「やーっ！」という掛け声とともに立ち上がるのだ。もしも、『あしたのジョー』の矢吹丈が福岡出身だったら？「立つんだ！」と言われ、思わず「やーっ！」と反応してしまうのかもしれない、などとつまらぬオチを考えてしまった。

おわりに

かつては方言撲滅運動が展開されるなど方言を差別する風潮が広まり、地方出身者の中に方言コンプレックスを生み出す契機にもなったほどである。そんな方言の価値が低い不遇の時期を経て、近年では方言が小学校の国語科の単元に取り上げられたり、地域PRの有効な手段として活用されたりするなど、方言の価値は飛躍的に高まりつつある。「じぇじぇじぇ」が流行語大賞に選ばれたことは画期的な出来事である。

個々人の方言に対する意識も変貌し、日常会話やSNSによる発信に方言をちりばめることが個性の表出につながると考える向きも少なくない。特に知名度の高いいわゆるブランド方言は、当該方言の話し手以外の人々にとっても言葉選びの選択肢の一つになっていると言ってよいだろう。

今日、方言は〝なまら、たんげ、いきなり、でら、ぶち、わっぜ〟元気なのである。

さて、「方言探偵団」の連載は現在も継続中である。二〇一三年四月、八本のストックを準備してスタートに臨んだが、またたくまに貯金は底をつき、以来九年にわたって自転車操業の状態が続くとは思いもよらなかった。もはや毎週毎週の催促が快感にさえなってしまったのかもしれない。その間、激励と原稿チェックで連載を支えて下さった担当デスクの藤原善晴氏、西田浩氏、編集担当記者の辻本芳孝氏、清岡央氏、多可政史氏、そして校閲部の皆さんに感謝申し上げる。

「共通語な方言」は小学館（当時）の神永曉氏の声掛けによる企画で、いのうえさきこ氏の個性的なイラストが気に入っていたが、本書にも提供していただくことができ、うれしい限りである。

なお、本書は同僚の和田博文教授を介して平凡社編集部の竹内涼子氏をご紹介いただいたことで形になった。併せて感謝申し上げる。

二〇二一年一一月

篠崎晃一

【著者】
篠崎晃一（しのざき こういち）
1957年、千葉県生まれ。東京女子大学教授。専門は方言学、社会言語学。単著に『東京のきつねが大阪でたぬきにばける 誤解されやすい方言小辞典』（三省堂）、『九州・沖縄「方言」から見える県民性の謎』（実業之日本社）など、共著に『方言の地図帳』（講談社学術文庫）、『出身地《イナカ》がわかる方言』（幻冬舎文庫）など多数。『マンガ ワーズハウスへようこそ――その日本語の意味、大丈夫!?』（世界文化社）、『ウソ読みで引ける難読語辞典』『小学館 ことばのえじてん』『揺れる日本語どっち？辞典』（以上、小学館）、『方言ずかん』（ほるぷ出版）などの監修のほか、『例解新国語辞典 第十版』（三省堂）編修代表。

平凡社新書993

それいけ！方言探偵団

発行日――2021年12月15日　初版第1刷

著者――篠崎晃一

発行者――下中美都

発行所――株式会社平凡社
東京都千代田区神田神保町3-29　〒101-0051
電話　東京（03）3230-6580［編集］
　　　東京（03）3230-6573［営業］
振替　00180-0-29639

印刷・製本―図書印刷株式会社

装幀――菊地信義

ISBN978-4-582-85993-5
NDC分類番号818　新書判（17.2cm）　総ページ280
平凡社ホームページ　https://www.heibonsha.co.jp/